Sofia Kokkini

Zwischen Heidentum und Christenheit. Die Inszenierung einer Opposition in Eichendorffs Novelle Das Marmorbild

Bibliografische Information der Deutschen Nationalbibliothek:

Bibliografische Information der Deutschen Nationalbibliothek: Die Deutsche Bibliothek verzeichnet diese Publikation in der Deutschen Nationalbibliografie; detaillierte bibliografische Daten sind im Internet über http://dnb.d-nb.de/ abrufbar.

Copyright © 2016 Diplom.de
Druck und Bindung: Books on Demand GmbH, Norderstedt Germany
ISBN: 9783961168675

https://www.diplom.de

Sofia Kokkini

Zwischen Heidentum und Christenheit. Die Inszenierung einer Opposition in Eichendorffs Novelle Das Marmorbild

Diplom.de

Inhalt

Einleitung 2

1.Klassische vs. romantische Ästhetik 8

2.Novalis' Abhandlung *Die Christenheit oder Europa* 14

3.Joseph von Eichendorffs Novelle *Das Marmorbild* 21

3.1 Zwei Welten in Opposition 25

3.2 Die Nachtseiten der Natur 29

4.Heinrich Heines Erzählung *Die Stadt Lucca* 35

Fazit 43

Literaturverzeichnis 47

<u>**Einleitung**</u>

Verschiedene Ideen, Ideale, Persönlichkeiten, Lebens- und Denkweisen haben im Laufe der Zeit das Leben von vielen Menschen beeinflusst und in einigen Fällen üben sie immer noch Einfluss auf die Menschheit. Jedes Zeitalter wurde von unterschiedlichen Idealen bestimmt, obwohl es auch nicht selten war, dass unterschiedliche Ideen im gleichen Zeitalter nebeneinander existierten. Deshalb war es nicht immer sehr einfach für die Wissenschaftler alle diese Epochen voneinander zu trennen und ihnen einen Epochenbegriff zu geben. Eine nicht so einfach definierbare Epoche ist die der Romantik. Einerseits handelt es sich um einen komplizierten Terminus, der eine präzise Bestimmung nicht ermöglicht, andererseits stellt er aber den Kernpunkt dar, durch den sich viele Autoren viele Jahren definieren[1]. Die Texte wie auch die Autoren, die die theoretischen Fundamente dieser Epoche schaffen, sind ein umstrittenes Thema, denn einerseits geht es um Texte, in denen der Begriff „Romantik" nicht vorkommt, aber sie von ihrer Seite können nur als solche gelesen werden, und andererseits um Autoren, wie Schiller und Goethe, die sich im deutschsprachigen Raum mit der Klassik identifizieren, obwohl sie im Ausland als Vertreter der Romantik gelten[2].

Romantik ist daher ein unstrittener Epochenbegriff, dessen Beginn und Ende nicht so einfach zu bestimmen scheint[3]. Allgemeiner gefasst ist der Beginn der Romantik etwa um 1790 und das Ende mindestens für den deutschsprachigen Raum um 1830, da ab diesem Moment viele Autoren, die sich selbst als Romantiker identifizierten, eine Distanz der Romantik gegenüber hielten[4]. Seit Anfang der Romantik wurde das Romantische als das Antiklassische bezeichnet und mit seinen Themen aus dem Zeitraum des Mittelalters und des europäischen Christentums schaffte es, das Repertoire der Klassik zu widersprechen[5]. Wandel und Veränderung, die Aufhebung von Normen, ein grenzenloses Leben bestimmten das Programm der Romantik, die sich selbst als die neue Mythologie Europas sah, als eine „progressive Weiterführung" aller Werte und Ideale, die Europa seit dem Mittelalter gedacht und geschaffen hatte[6].

---

[1] Vgl. Schmitz-Emans 2004: 7
[2] Vgl. Ebd.
[3] Vgl. Ebd.
[4] Vgl. Ebd.
[5] Vgl. Wolf 2002: 26
[6] Vgl. Ebd.: 28f

Trotzdem war dieser Zeitraum und besonders das Ende der Romantik nicht gleich für alle europäischen Länder, denn je nach dem Land und den dortigen Umständen ist es früher oder später anzusetzen. Außerdem finden sich die Ideen der Romantik nicht nur in der Literatur an, sondern auch in Kunst und Musik, was zur Betrachtung der Romantik als Lebensanschauung führt. Alle Bereiche des Denkens sollten sich nämlich engagieren und zu einer Erweckung des Geistes und einer Freiheit des Subjekts führen[7]. In jedem Fall sind alle diese Wechselbeziehungen und Spiegelungen der Künste untereinander etwas Typisches für die romantische Zeit[8].

Diese Ideen der Romantik sind sogar in England, Italien und Frankreich anzutreffen, spielte aber die Romantik in diesen Ländern nicht die Rolle, die sie im deutschen Sprachraum gespielt hat. Heute ist es kaum möglich die europäische Romantik zu schildern, ohne Rücksicht auf die theoretische Verflechtung der Poesie mit der politischen Ereignissen Europas zu nehmen[9]. Die „Vorromantik" bereitete die Französische Revolution vor, die ihrerseits zu der endgültigen Liberalisierung in der Literatur beigetragen hatte[10]. In Deutschland war den Frühromantikern die epochale Bedeutung der Romantik bekannt, trotzdem hat gerade hier der Vulgärbegriff der Romantik alle politischen Motive durch das Klischee von der irrationalen, verträumten, christlichen Romantik verdrängt[11]. Im deutschen Sprachraum hat sie sich nämlich meistens als Oppositionsbegriff zur Klassik und zur antiken Kultur gefestigt und sie galt sogar als eine „polemisch kontrastierte Begriffbestimmung"[12].

Die Ausdifferenzierung einer bürgerlichen Kultur und die Neuerfindung der Vergangenheit kennzeichneten diese Epoche, die sich mit einer Mittelalterbegeisterung aber auch gleichzeitig mit einer „Rückwärtsgewandheit" und mit einem „Konservativismus" identifizierte[13]. Durch die Betotung des Christentums zielten die Romantiker auf das Aktuelle und mit der Hinneigung zur heimischen Vergangenheit versuchten sie das Nationalbewusstsein zu erwecken, wie auch die subjektive Aufhebung klassischer Regeln zu schaffen[14] und obwohl es Romantiker wie Friedrich Schlegel und Schelling gab, die wie Schiller die griechische Antike als „Inbegriff des

---

[7] Vgl. Ebd.: 27
[8] Vgl. Schmitz-Emans 2004: 8
[9] Vgl. Hoffmeister 1990: 13
[10] Vgl. Ebd.
[11] Vgl. Ebd.
[12] Vgl. Schmitz-Emans 2004: 12
[13] Vgl. Ebd.: 12f
[14] Vgl. Wolf 2002: 27

idealen gesellschaftlichen Zustands"[15] sahen und Griechenland als „eine[...] vollendete[...] Kultur, eine[...] Zeit der Vertrautheit zwischen Göttern und Menschen"[16] betrachteten, stilisierten die meisten, wie auch Novalis, das Mittelalter als das Goldene Zeitalter[17].

Die deutsche Romantik wird in ihrer Gesamtheit in drei Phasen unterteilt, nämlich in Früh-, Mittlere und Spätromantik. Jede von diesen Phasen entwickelte sich hauptsächlich in einer anderen Stadt und wurde oft von unterschiedlichen Dichtern und Schriftstellern vertretet. Die Brüder Schlegel mit ihren Frauen, der Naturphilosoph Schelling und andere Vertreter der Frühromantik hatten als ihr Zentrum Jena und Novalis und Tieck standen in enger Verbindung mit ihnen[18]. Eine progressive Poesie, die sich dem „Rätselhaften des menschlichen Daseins und seiner seelischen Unbewußtheit zuwendet"[19], war das Ziel der so genannten Jenaer Romantik. F. Schlegel sah wie Schiller seine Hoffnung auf eine höhere geistige Einheit des Menschen, auf ein neues „Griechenland" bestätigt in Goethe[20]. Im Unterschied zum Ausland konzentrierte sich die deutsche Frühromantik auf den Begriff der „Sehnsucht nach dem Unendlichen" und die Werken der Frühromantiker spielten zwischen „Ahnung und Gegenwart"[21].

Die Mittlere Romantik findet ihre Vertreter meistens zwischen der Heidelberger und Berliner Romantik und Albert von Chamisso, Achim von Armin, Bettina von Armin, Clemens Brentano, Joseph von Eichendorff u.a. sind einige von den wichtigsten Vertretern dieser Zeit und der romantischen Literaturszene überhaupt[22]. Ihre Grundlagen waren die Liebe zum Mittelalter und vor allem die Entdeckung der alten, deutschen Volksliteratur und die Hinwendung zu Geschichte, Sage und Märchen[23]. Die Romantiker in Heidelberg erwarteten vom Mittelalter und seine Naturpoesie das Heil der Dichtung und der Existenzprobleme, wie auch die Schaffung eines neuen staatlichen Programms und die Wiederherstellung der Nation als Ständestaat[24].

Was die Spätromantik betrifft, ist sie mit Schriftstellern wie Friedrich Schlegel und Brentano verbunden, die sich dem Katholizismus gewendet haben, oder mit Autoren

---

[15] Schmitz-Emans 2004: 38
[16] Ebd.
[17] Vgl. Ebd.
[18] Vgl. Ebd.: 77
[19] Glaser 1997: 332
[20] Vgl. Hoffmeister 1990: 36
[21] Vgl. Ebd.: 118
[22] Vgl. Schmitz-Emans 2004: 77f
[23] Vgl. Glaser 1997: 333
[24] Vgl. Hoffmeister 1990: 34

wie Heinrich von Heine oder Eduard Mörike, deren Schriften Themen tief verbunden mit der Romantik behandelten, die aber trotzdem sich nicht mit der Romantik identifizierten[25]. Eichendorff, der die Romantik als Prägung des Christentums sah, hat in den 1840er und 1850er Jahren literarische Werke verfasst, die Themen christlichen Glaubens behandelten[26]. Außer ihm fühlte sich aber fast die gesamte Romantik sehr stark an das Christentum, nämlich an den Katholizismus, gebunden und ihre christlich-konservative Haltung wurde insbesondere aus der mittelalterlichen und barocken Glaubenskraft geprägt[27]. Im Rahmen der Romantik ist noch ein romantischer Zirkel mit dem Namen Serapionsbund in Berlin entstanden, dessen Gründer E.T.A. Hoffmann war[28]. Hoffmann, seine Freunde und Schriftstellerkollegen, wie auch Adelbert von Chamisso und Friedrich de la Motte-Fouqué waren zwischen den Mitgliedern dieser Gruppe[29].

Bestimmte Motive und Themen der Romantik sind in den Texten von allen diesen Autoren zu finden, die ihre Werke als einzige Möglichkeit sahen, ihre Gefühle und Träume, oft noch ihre Enttäuschung von ihrer Zeit und eine Art Melancholie zu äußern, gleichzeitig aber auch als Chance diese Welt zu ändern und zu „romantisieren". Höhlen, Bergwerke, Wassertiefen, Teufel und Dämonen, die Nacht, die Natur bzw. die Nachtseite der Natur und der Welt, Androide und andere Kunstmenschen gelten als bekannte Motive der Romantik[30]. In Eichendorffs Novelle *Das Marmorbild* finden sich die zentralen Motive der Romantik und unter ihnen auch das Motiv der belebten Statue, „um das trügerische Leben einer Kunstwelt zu bespiegeln, wobei sich jedoch lebendige Gestalten unversehens in starre Bildnisse verwandeln können"[31]. Joseph von Eichendorffs Novelle *Das Marmorbild* ist eine von diesen Werken, die jede romantische Seele faszinieren und fesseln können. Verführungsszenen, junge Leute von der Liebe enttäuscht, dunkle Räume, wo alles Materielles belebt, Ritter, Sänger, die an die Minnesänger erinnern, und geheimnisvolle Frauenfiguren tragen zur Entstehung dieser romantischen Novelle bei.

---

[25] Vgl. Schmitz-Emans 2004: 79
[26] Vgl. Ebd.
[27] Vgl. Glaser 1997: 333
[28] Vgl. Schmitz-Emans 2004: 77f
[29] Vgl. Ebd.: 78
[30] Vgl. Ebd.: 62ff
[31] Ebd.: 66

Joseph von Eichendorff, gebohren am 10. März 1788 im Schloß Lubowitz in Oberschlesien[32], gehört zu den bekanntesten Schriftstellern seiner Zeit. Zu seinen Hauptwerken gehören sein Roman *Ahnung und Gegenwart* (1815) und die Novelle *Das Marmorbild* (1818), aber sein bekanntestes Werk bis heute ist die Erzählung *Aus dem Leben eines Taugenichts* (1826)[33]. Sein Leben kann man in vier Phasen aufgliedern, in einen Prolog (1788-1805), in eine romantische Zeit (1805-1816), die von seinem Roman *Ahnung und Gegenwart* geprägt wurde und in der Phase seiner prosaischen Tätigkeit im Dienste des preußischen Kultusministeriums (1816-1844), in welcher Zeit einige seiner bekanntesten Werke entstanden sind und in einen Epilog (1844-1857), in dem über die Bedeutung der Romantik reflektiert wurde[34]. Die Romantik war für ihn die einzige Macht, die der christlichen d.h. katholischen Kirche eine Erneuerung bringen könnte, trotzdem beklagte er viele Romantiker, da sie sich nur mit dem ästhetischen Teil der Romantik befassten[35]. Alles, was nicht seinem eigenen Konzept entsprach, galt ihm als Differenzierung aus dem eigentlichen Ziel der Romantik, als Versagen, was Eichendorff oft zum Kritiker der Bewegung machte, aus der er im Grunde genommen hervorging[36].

Sein erster Kontakt mit dem christlichen Glauben kam, als er ein Schüler war und sein Hofmeister anfing, ihm aus der Leidensgeschichte Jesu vorzulesen[37]. Das hat seine religiöse Erweckung stigmatisiert und eine lebenslang währende Gläubigkeit folgte ihm während seines ganzen Lebens[38]. Diese Gläubigkeit kennzeichnet auch seine Novelle *Das Marmorbild*, die erstens zur Herbstmesse 1818 und dann im *Frauentaschenbuch* für das Jahr 1819 erschienen ist[39]. Sie war die Bestätigung für Eichendorff, dass er ab diesem Moment sich als Dichter fühlen kann[40]. Im *Marmorbild* behandelt Eichendorff die Thematik des Venuskultes, die schon im Mittelpunkt von Tiecks *Runenberg* gestanden hatte, doch bei Eichendorff wird es der Antagonismus zwischen der heidnisch-dämonischen Venus und dem christlich-spirituellen Vater-Gott stärker geschildert[41]. Die Novelle von Eichendorff kennzeichnet sich aber nicht nur die

---

[32] Vgl. Böhmer 2007: 10
[33] Vgl. Ebd.: 136
[34] Vgl. Heselhaus 1972: 118
[35] Vgl. Nehring 1997: 89
[36] Vgl. Ebd.
[37] Vgl. Böhmer 2007: 26
[38] Vgl. Ebd.
[39] Vgl. Schiwy 2000: 442
[40] Vgl. Ebd.
[41] Vgl. Malsch 1965: 226

Opposition zwischen Christenheit und Heidentum bzw. zwischen Gutem und Bösen. Hierbei handelt es sich auch um eine Gegenüberstellung, die zentral für die deutsche Romantik ist: dem antiken Vorbild der Klassik wird nämlich das christliche Mittelalterideal gegenübergestellt.

Ziel dieser Arbeit ist es die Inszenierung dieser Opposition bei Eichendorff zu unterstützen und diese im Kontext der romantischen Auseinandersetzung mit der Klassik bzw. dem Mittelalterbild zu situieren. Zu diesem Zweck werden zwei weitere Texte hinzugezogen: Novalis Abhandlung *Die Christenheit oder Europa* (1799) und Heinrich Heines Erzählung *Die Stadt Lucca* (1830). Der Erste ist ein theoretischer Text, der die Hoffnung Novalis' auf die Entstehung einer neuen Christenheit in Europa im Rahmen des Mittelalterideals behandelt und der Zweite eine Erzählung, die sich auf ironische Weise mit der Thematik Christentum-Heidentum befasst und eine Welt ohne Staatsreligionen und direkte Intervention der Kirche in das Alltagleben und in die staatlichen Sachen proklamiert.

Ich beginne mit der Opposition zwischen Klassik und Romantik im deutschsprachigen Raum und dann bearbeite ich den Text von Novalis, der im Kontext einer ersten theoretischen Äußerung der romantischen Ideen über die Religion und die Zeit des Mittelalters situiert wird. Dann folgt eine Vertiefung in Eichendorffs Novelle, die die Religion, das Christentum und die Einflüsse des Mittelalters im Alltagsleben des Protagonisten thematisiert und am Ende wird Heines Erzählung behandelt, umdie Auffassung Heines darzulegen, dass die Deutschen nicht mehr in der Antike oder im christlichen Mittelalter nach Vorbildern suchen sollten, sondern unbeeinflusst von der Kirche und den verschiedenen Religionen von allein ihre Geschichte schreiben und sich zu Vorbildern machen sollten. Besonders wichtig bei der Auswahl dieser drei Texten war die Tatsache, dass diese drei Schriftsteller und Dichter in ihrer Epoche als Außenseiter galten, keinen Kompromiss schlossen und ihre Ideen und Meinungen frei äußerten, ohne stark beeinflusst aus ihren Zeitgenossen zu sein. Eichendorff las Novalis und schätzte ihn und Heine las Eichendorff und kommentierte eher positiv seine Werke, trotzdem hatten sie ihre eigene literarische Identität, die von ihren eigenen Überzeugungen und Erfahrungen geprägt worden war.

1.Klassische vs. romantische Ästhetik

Die Welt muss romantisiert werden, so findet man den ursprünglichen Sinn wieder

Novalis

In Eichendorffs Novelle *Das Marmorbild* steht die Hauptfigur, Florio, in der Mitte zwischen zwei Welten. Die eine Welt wird von Fortunato und Bianka vertretet und die andere vom Ritter Donati und der Venus bzw. der Statue der Venus. Der unsichere Jüngling, Florio, trifft nämlich die erlöste Natur im Rahmen seiner Freundschaft mit Fortunato, den christlichen Dichtersänger, wie auch die lichtvolle christliche Glaube, die die reinige und treue Bianka mit sich bringt und andererseits ist er mit der heidnischen Natur der Ritter Donati, den Venusritter und den teuflischen Zauber, nämlich die Venus, konfrontiert, die ihn zu verführen versuchen. Das Mittelalterideal kollidiert hier mit der Antike, ein Romantikideal steht einem Klassikideal gegenüber,es handelt sich um eine Gegenüberstellung, welche die gennante Erzählung durchzieht. Es erscheint daher sinnvoll, der Textanalyse eine knappe Präsentation erstens der Konfrontation zwischen Klassik und Romantik voranzustellen.

Seit Winckelmann konzentrierte sich die Klassik in Deutschland auf die Synthese eines griechischen und deutschen Wesens und sie hat die römischen und französischen Grundlagen der Bildung verdrängt[42]. Es herrschte die Ansicht, dass die Nachahmung der Alten ihnen die Möglichkeit geben könnte, etwas „Unnachahmliches" zu schaffen[43]. Winckelmann war derjenige, der das griechische Schönheitsideal als erste thematisierte und seinen Zeitgenossen den Anstoß gab, Griechenland mit der Seele zu suchen[44]. Griechenland wurde zum Symbol für die geistige Wiedergeburt Deutschlands umwandelt, ein Vorbild für die Wiedergewinnung der goldenen Zeit, die über die ästhetische Erziehung fruchtbar gemacht werden sollte[45]. F. Schlegels „Gräkomanie" war sein Versuch der „Winckelmann der griechischen Poesie" zu werden und deshalb erhob er auch Griechalnd wie auch seine Vorgänger ins Ideale[46].

Andererseits erlaubte die Rückkehr zum Mittelalter und seine Ernennung zur idealen goldenen Zeit manche schon berührten Aspekte zusammenzuziehen und neu zu beleuchten[47]. Seit diesem Moment bekam der Begriff der Romantik eine historische

---

[42] Vgl. Hoffmeister 1990: 149
[43] Vgl. Ebd.
[44] Vgl. Ebd.
[45] Vgl. Ebd.
[46] Vgl. Ebd.: 150
[47] Vgl. Ebd.: 151

Dimension und A. W. Schlegel sah im Mittelalter den Idealzustand[48]. Es geht nicht mehr um das bisherige finstere Mittelalterbild, sondern um eine Zeit der Poesie, der Sehnsucht, in der die Seele sich frei fühlen kann[49]. Sowohl im Inland als auch im Ausland wurde die deutsche Romantik mit einer Wiederentdeckung des Mittelalters gleichgesetzt, denn im Mittelalter fand man den ersehnten Naturzustand, eine nordische Mythologie, die Synthese des Römischen und Christlichen, des deutschen Nordens mit dem religiös Idealismus in ritterlichem Geiste, des Rittertums mit dem Mönchstum[50]. Das Mittelalter galt als der ideale Zeitraum einer vorherrschenden Phantasie, ein Raum, wo Tieck, Novalis, Uhland, Eichendorff, Armin und Grimm ihre romantische Märchenwelt ansiedeln könnten[51]. Damit ist das Mittelalter, das den 15., 16., und 17. Jahrhundert einschließt, gemeint und viele identifizierten es mit dem Christlich-Romantischen, mit einer Kunstreligion im engeren katholischen Sinne[52].

Die Auseinandersetzung der zwei Begriffen bzw. Literaturepochen von Klassik und Romantik ist nicht nur in vielen Werken und Diskussionen der Zeit zu treffen, sondern auch ein Diskurs eher zeitgenössischer Schriftsteller und Literaturwissenschaftler. Thomas Mann selbst kommentierte die Tatsache, dass auch wenn die Vertreter der so genannten Weimarer Klassik sich nicht mit dem Begriff „Klassiker" identifizierten, sich die Romantiker als Vertreter der europäischen Romantik verstanden haben[53]. Ein Romantiker zu sein und als „Romantiker" zu gelten, verlangte nämlich eine bestimmte Lebens- und Denkweise, deshalb bestimmte es oft das ganze Leben dieser Menschen. Das Romantische war für sie von großer Bedeutung, es wurde als ein erstrebenswertes literarisches Ziel betrachtet und sogar Teil eines umfassenden literarischen Programms[54].

Im Jahr 1778 beanstandte der englische Maler Joshua Reynolds Bilder, die unpräzise Ideen zum Ausdruck gebracht hatten und keine Regeln und Normen berücksichtigten[55]. Das war ein erster Angriff gegen Vorformen der Romantik und eine Betonung der Klarheit der Klassik, die der Akademie-Pädagogik zufolge den Menschen sogar

---

[48] Vgl. Ebd.
[49] Vgl. Ebd.
[50] Vgl. Ebd.: 151f
[51] Vgl. Ebd.: 152
[52] Vgl. Ebd.
[53] Vgl. Behler 1972: 7
[54] Vgl. Ebd.
[55] Vgl. Wolf 2002: 26

moralisch vervollkommen sollte[56]. Seit diesem Zeitpunkt stellte das Romantische den Gegenpol zum Klassischen dar und wurde als das Antiklassische beschrieben[57]. Das Repertoire der antiken Klassik wurde durch die Inhalte der Romantik aus der Welt des Mittelalters und des europäischen Christentums stark widersprochen[58]. Die deutschen Romantiker reagierten gegen den einseitigen, seit der Aufklärung zur Herrschaft gelangten Rationalismus und lösten die Gräkomanie der Klassik durch das Vorbild der mittelalterlich-volkstümlichen Literaturen antiklassizistischer Kulturen ab[59].

Obwohl also die Romantik ihre Themen in dem Nährboden der früheren Zeit hätten finden können, entschied sie sich, ein neues Weltbild zu schaffen und die zwischen 1789 und 1800 erscheinenden Zeitschrift „Athenäum" bot den Romantikern die Möglichkeit, ihre Ideen und Gedanken zu äußern[60]. Als das erste und klarste Manifest der Romantik empfangte sie die Schriften von vielen Literaten und Theoretikern mit dem Ziel dem wissenschaftlich-empirischen Weltbild ein poetisches bzw. romantisches entgegen zu setzen[61].

Die ersten Vertreter dieser Gegenbewegung zur Klassik waren in Deutschland die Brüder Schlegel[62]. A. W. Schlegel behandelte in seinen Vorlesungen den Gegensatz von klassisch und romantisch und er identifizierte das Klassische mit der Antike und das Romantische mit der mittelalterlichen und modernen Literatur, die aus der christlichen Religion stammte[63]. Er behauptete, dass das Leben wegen des Christentums sich verändert hatte und dass die Menschen den wahren Sinn des Lebens nur durch das Christentum entdecken könnten[64]. Goethe selbst kontrastierte das Romantische und Phantastisch-Steinhafte mit dem Antiken und Klassischen nämlich dem Realen und er behauptete:

> Das Classische nenne ich das Gesunde, und das Romantische das Kranke, und da sind die *Nibelungen* classisch wie der *Homer*, denn beyde sind gesund und tüchtig. Das meiste Neuere ist nicht romantisch, weil es neu, sondern weil es schwach, kränklich und krank ist, und das Alte ist nicht classisch, weil es alt, sondern weil es stark, frisch, froh und gesund ist (2.4.1829)[65].

---

[56] Vgl. Ebd.
[57] Vgl. Ebd.
[58] Vgl. Ebd.
[59] Vgl. Hoffmeister 1990: 87
[60] Vgl. Wolf 2002: 26
[61] Vgl. Ebd.
[62] Vgl. Hoffmeister 1990: 7
[63] Vgl. Ebd.: 8
[64] Vgl. Ebd.
[65] Goethe zitiert in: Schmitz-Emans 2004: 9

Trotzdem hat noch er später betont, dass Klassik und Romantik für ihn eine Einheit bildeten und zu keiner Gegenüberstellung miteinander standen[66]. Goethe war sowieso immer ein Orientierungspfeiler und auch wenn die romantischen Autoren sich von ihm distanzierten, verlor er nicht seine Rolle als Impulsgeber seiner Zeit[67]. Er beobachtete mit Interesse und Aufmerksamkeit die Entwicklung der romantischen Autoren und trotz manch einseitiger Urteile beweist er ein frühes Sensorium für die innovatorischen Züge der romantischen Literatur[68]. Übrigens schätzte er die Tatsache, dass die Schlegels seinen Ruhm als klassischen Dichter verbreiteten, obwohl viele Menschen im Ausland ihn als Romantiker betrachteten[69].

Sehr interessant ist auch die Art und Weise, wie sich Giovanni Berchet in seinem Werk *Lettera semiseria die Grisomosto* von 1816, die als Programmschrift der italienischen Romantik gilt, über diese Literaturepoche äußerte[70]. Er bezeichnete die Romantik als Prinzip der Modernität und des Volkstums und er meinte, dass Homer, Pindar, Sophokles, Euripides zu ihrer Zeit Romantiker waren, denn sie dichteten über Vorkommnisse und Ereignisse, die sich auf die Griechen bezogen und nicht die Ägypter und die Chaldäer[71]. Im Gegensatz zu dieser aus dem Volkstum schöpfenden romantischen Dichtung ist seiner Meinung nach die Klassik die Poesie der Toten[72]. Eine anschauliche Annäherung der Sache, aus einer interessanten Perspektive, die die allgemeinere Ansicht der Romantiker, dass die Romantik sich von Griechenland und der Antike differenzieren sollte, widerlegt und betont, dass die Leute, die weltweit für ihre Regelhaftigkeit berühmt sind, nichts weniger als Romantiker waren, die sich mit ihrem eigenen Volk beschäftigten und es zu ändern und zu lehren versuchten.

In Opposition zur dominanten Orientierung an der Antike erscheint also in der zweiten Hälfte der 18. Jahrhundert eine neue moderne Kultur, die sich über das Christentum definiert und eine erkennbare Distanz von der Antike hält[73]. Ab diesem Moment hat sich der Begriff „Romantisch" bereits fest im europäischen Vokabular eingebürgert und vielfältige Anwendungen gefunden[74]. Dieser Begriff identifiziert sich nämlich mit der Dichtung des Mittelalters und der Renaissance, mit Autoren wie Dante, Ariosto, Tasso,

---

[66] Vgl. Schmitz-Emans 2004: 9
[67] Vgl. Ebd.: 80
[68] Vgl. Ebd.
[69] Vgl. Hoffmeister 1990: 36
[70] Vgl. Behler 1972: 29
[71] Vgl. Ebd.
[72] Vgl. Ebd.
[73] Vgl. Schmitz-Emans 2004: 9
[74] Vgl. Behler 1972: 8

Cervantes und Shakespeare, die einen phantastischen, unklassizistischen Stil zum Ausdruck brachten[75]. Die größte Leistung in der Geschichte des Begriffs des Romantischen, so wie er in den letzten Jahren des 18. Jahrhunderts zuerst in Deutschland bemerkbar wurde, bestand darin, dass jetzt die Existenz einer unabhängigen, authentischen neben der Klassik bestehenden Literaturtradition Europas den Leuten bekannt worden war und auch im positiven Sinne als kritischer Terminus verwandt wurde[76].

Friedrich Schlegel, ein großer Verfechter der Romantik, betrachtete sich selbst als einen romantischen Schriftsteller, benutzte den Begriff „Romantisch" programmatisch und verband ihn mit den Konzepten der Universalität und Progressivität[77]. Die Romantik stellte nämlich nicht nur etwas Neues, eine neue und moderne Kultur dar, sondern etwas Progressives und Innovatives, was bereit war, die Welt zu ändern. Um die literaturhistorische Dimension der Romantik zu betonen, sagte er: Da suche und finde ich das Romantische, bei den ältern Modernen, bei Shakespeare, Cervantes, in der italienischen Poesie, in jenem Zeitalter der Ritter, der Liebe und der Märchen, aus welchem die Sache und das Wort selbst herstammt[78].

Er suchte und fand also die Wurzeln der Romantik in den früheren Zeiten und in Schriftstellern der Vegangenheit, deren Ideale und Kernideen als Wegbereiter der Romantik gelten könnten, auch wenn sie eigentlich nicht zu dieser Zeit gehörten. Sein Bruder, August Wilhelm Schlegel, entwickelte in einer Folge öffentlicher Vorlesungen zwischen 1798 und 1808 vieles von dem, was man den romantischen Diskurs nennen könnte[79]. Schmitz-Emans betont, dass Schlegel

> [zwar] im Christentum [...] das verbindende Moment der als romantisch gedeuteten Phänomene in den einzelnen europäischen Ländern [sieht]. Doch es geht ihm weniger um Glaubensinhalte als um grundlegende christliche Denkmuster, insbesondere um eine transnationale Tendenz zur Verinnerlichung und Psychologisierung in Kunst, Literatur und Religion[80].

In Opposition also zu Eichendorff, der aus tiefer Glaube dem Christentum eine Hauptrolle in seinen Werken gab und Novalis, der die Romantisierung der Welt und die Wiedereinsetzung der alten Religion als die einzige Rettung der Welt sah, sah A. W. Schlegel eher rationalistisch aus und wünschte ihm einfach eine Wende zum Neuen.

---

[75] Vgl. Ebd.
[76] Vgl. Ebd.
[77] Vgl. Schmitz-Emans 2004: 10
[78] F. Schlegel zitiert in: Behler 1972: 9
[79] Vgl. Schmitz-Emans 2004: 10
[80] Schmitz-Emans 2004: 10

Obwohl die Ansicht herrschte, dass es einen tiefen Unterschied zwischen diesen zwei Literaturepochen gab und dass die Vertreter der Klassik und der Romantik eigentlich „Rivale" waren, könnte man diese Auseinandersetzung sogar aus einer anderen Perspektive betrachten. Es gab nämlich immer Berührungspunkte zwischen Klassik und Romantik und der Begriff „romantischer Klassizismus" beweist, dass sie als paralelle Lösungsversuche und nicht als zwei widersprüngliche Prinzipien betrachtet werden sollten[81]. Friedrich Schlegel selbst fand diese Trennung des Klassischen und Romantischen „unnatürlich und verwerflich"[82]. Die Brüder Schlegel waren nämlich der Meinung, dass eine dialektische Vermittlung zwischen den zwei gegenüberstehenden Kunststilen von Klassik und Romantik für die zukünftige Entwicklung Europas fruchtbar sein könnte[83]. Die Versöhnung von Klassik und Romantik und diese dialektische Tendenz darauf lässt sich im ersten großen Werk Freidrich Schlegels *Über das Studium der griechischen Poesie* erkennen[84].

---

[81] Vgl. Wolf 2002: 30
[82] Ebd.: 9
[83] Vgl. Ebd.: 12
[84] Vgl. Ebd.: 15

2.Novalis' Abhandlung *Die Christenheit oder Europa*

> *Nur die Religion kann Europa wieder aufwecken und die Völker sichern, und die Christenheit mit neuer Herrlichkeit sichtbar auf Erden in ihr altes friedenstiftendes Amt installieren*
>
> *Novalis*

Nach Novalis (Friedrich von Hardenberg) sind die Begriffe des Klassischen und Romantischen eher in typologischer, überzeitlicher Bedeutung als in literaturhistorischer verwandt und wenn er sie an wenigen Stellen auch auf die Literaturgeschichte bezog, dann ging es meistens um Reflexe der in Friedrich Schlegels Frühschriften vorgenommenen Unterscheidungen[85]. Er sprach als Erster im Jahr 1799 vom „Romantiker", womit er einen besonders phantasievollen Romanschriftsteller meinte und er gehörte zu einer neuen Generation deutscher Literaten, die in dieser Zeit dem Begriff eine total neue Dimension gaben[86]. Romantik hieß also für ihn Romankunst, Romantiker und Romanschreiber[87]. Er selbst bot uns die wahrscheinlich berühmteste Definition der Romantik: Indem ich dem Gemeinen einen hohen Sinn, dem Gewöhnlichen ein geheimnisvolles Ansehn, dem Bekannten die Würde des Unbekannten, dem Endlichen einen unendlichen Schein gebe, so romantisiere ich es[88].

Dass eine bessere Welt eine romantisierte Welt ist, war eine Kernidee von Novalis, die in vielen von seinen Werken zum Vorschein kommt und ihn charakterisiert. Trotzdem war er ein Gegentypus zum typischen Intellektuellen seiner Zeit, wie ihn zum Beispiel die Brüder Schlegel verkörperten[89]. Obwohl er mit anderen Romantikern befreundet war, blieb er ein Außenseiter und Einzelgänger und obwohl er aus dem Adel stammte, übte er einen bürgerlichen Beruf[90]. Er unterschied sich von den anderen frühromantikern Autoren und sein kleines aber sehr bedeutendes Werk prägte das Romantikbild der späteren Generationen[91]. Für dieses Werk wurde er respektiert aber auch teilweise verachtet, denn seine Gedankenkombinationen und Bilder verwirrten seine Zeitgenossen[92]. Es wurde ihm aber gleichzeitig viel Verständnis gezeigt und heute wird man von seiner Glaubensgewissheit, seiner Überzeugung darüber, dass die

---

[85] Vgl. Ebd.: 17
[86] Vgl. Wolf 2002: 26
[87] Vgl. Hoffmeister 1990: 3
[88] Novalis zitiert in: Wolf 2002: 26.
[89] Vgl. Stephan 2001: 206
[90] Vgl. Ebd.
[91] Vgl. Ebd.: 206f
[92] Vgl. Schulz 1972: 33

Vergangenheit ein fundementaler Teil der Zukunft sei, wie auch die Apotheose seinerseits einer poetisch-harmonischen Zeit fasziniert[93]. Novalis zusammen mit Wackenroder und Scheiermacher hatten in Deutschland den Boden für die christliche Romantik vorbereitet, doch ging es in der deutschen Frühromantik nicht um eine katholische Restauration, sondern um eine geistige Revolution[94]. Was Chateaubriand betrifft, ging es ihm um das Reich Gottes auf Erden, die Stiftung einer neuen Religion aus der Synthese von Goethe und Fichte, zu der Novalis vielleicht der neue Christus sein sollte[95].

Novalis' Aufsatz *Die Christenheit oder Europa* ist exemplarisch für sein Denken. Er wurde im Jahr 1799 für die Zeitschrift „Athenäum" geschrieben, aber wegen heftiger Diskussionen unter den anderen Romantikern wurde er nicht publiziert[96]. Die endgültige Umwertung des Mittelalters wird hier vollzogen[97]. Dieser Aufsatz wird gewöhnlich als erster gewichtiger Beweis der Wende zur Romantik, zur Restauration und zum katholischen Christentum betrachtet und wird oft als Polemik gegen Revolution und Republik und als Sehnsucht nach den schönen Momenten des Mittelalters von den meisten gelesen[98]. In diesem Text werden die Leistungen der Aufklärung zwar im einzelnen als beachtenswert anerkannt, diese Epoche aber bereits als Verfallszeit eines glorreichen Mittelalterbildes aufgefasst[99]. Im Kontrast zu der Renaissance und dem Klassizismus, die das Mittelalter als eine finstere und abergläubische Zeit betrachteten, interpretiert er diese Epoche wie eine neue, nachantike und deshalb moderne Zeit, wie auch viele andere Romantiker[100], wie eine ruhige und rein christliche Zeit, wo alle im Namen Gottes arbeiteten. Er erwähnt nämlich über diese Zeit:

> Emsig suchte diese mächtige friedenstiftende Gesellschaft, alle Menschen dieses schönen Glaubens teilhaftig zu machen und sandte ihre Genossen in alle weltteile, um überall das Evangelium des Lebens zu verkündigen, und das Himmelreich zum einzigen Reiche auf dieser Welt zu machen (NI 161)[101]

---

[93] Vgl. Ebd.

[94] Vgl. Hoffmeister 1990: 193

[95] Vgl. Ebd.

[96] Vgl. Best 1974: 161

[97] Vgl. Hoffmeister 1990: 153

[98] Vgl. Malsch 1965: V

[99] Vgl. Best 1974: 161

[100] Vgl. Schmitz-Emans 2004: 94

[101] NI steht für: Novalis (1799): „Die Christenheit oder Europa." In: Best, Otto / Schmitt Hans-Jürgeb (Hrsg.) (1974): *Die deutsche Literatur in Text und Darstellung. Romantik I*. Stuttgart: Philipp Reclam jun. S.161-182.

Der Grund, warum diese neue Zeit sich mit dem Mittelalter identifiziert, ist es, weil das christliche Mittelalter auf die nachantike Ära verweist und zumindest in der Frühromantik ist die Faszination der Romantiker durch die frühe Zeit und das Mittelalter Ausdruck der Orientierung auf Zukünftiges, denn einem weitgehenden Konsens zufolge „[hat] das christliche Mittelalter das Ansehen von der Gegenwart propagiert und den Blick in räumliche wie in zeitliche Fernen gelenkt [...][102]. Novalis sieht also im Mittelalter den heiligen Sinn aktiv werden und deshalb verleiht er ihm Züge der Goldenen Zeit[103]. Die Antike ist nämlich das Vergangene und das Mittelalter das Heutige, das verändert, verbessert und romantisiert werden sollte. Dieses Vergangene bzw. die Reformation, die Aufklärung und die Französische Revolution haben zufolge Novalis zur Spaltung Europas und zu einer religiösen Anarchie geführt und nur eine neue Christenheit, die Vereinigung von Altem und Neuem im Rahmen eines neuen progressiven Erziehungsplans der Kirche könnte der Menschheit Hoffnung bringen[104]. Zu dieser Zeit der Reformation merkt er an:

> Mit der Reformation wars um die Christenheit getan. Von nun an war keine mehr vorhanden. Katholiken und Protestanten oder Reformierte standen in sektierischer Abgeschnittenheit weiter von einander, als von Mahomedanern und Heiden (NI 168).

Novalis ist also der Ansicht, dass diese Zeit das Ende des echten Christentums war und der Beginn einer neuen Zeit, wo jeder zu einer anderen „Sekte" gehören konnte, die große Unterschiede miteinander hatten.

Interresanterweise stilisiert also Novalis das mittelalterliche Europa und benutzt es als Muster eines idealen Staatswesens, indem er seinen Aufsatz damit beginnt: „Es waren schöne glänzende Zeiten, wo *Eine* Christenheit diesen menschlich gestalteten Weltbild bewohnte" (NI 161). Sein ganzer Aufsatz ist nämlich die Projektion eines politisch und ideell geeinten mittelalterlichen Europas, einer Zeit, die sich aber nicht auf das reale Mittelalter bezieht[105]. Er idealisiert das Mittelalter, die Rolle der Religion und der Kirche in dieser Zeit, ihre Macht die Menschen unter ihnen miteinander zusammenzubringen und ihnen das ewige Leben zu versprechen. Ein gutes Beispiel dafür ist es, wenn Novalis erwähnt:

> An seinem Hofen[106] versammelten sich alle klugen und ehrwürdigen Menschen aus Europa. Alle Schätze flossen dahin, das zerstörte Jerusalem hatte sich gerächt, und Rom selbst war Jerusalem, die heilige Residenz der göttlichen Regierung auf Erden geworden. Fürsten

---

[102] Ebd.: 13
[103] Vgl. Pikulik 1992: 204
[104] Vgl. Best 1974: 161
[105] Vgl. Schmitz-Emans 2004: 23
[106] Er meint damit des Oberhauptes der Kirche

> legten ihre Streitigkeiten dem Vater der Christenheit vor, willig ihm ihre Kronen und ihre
> Herrlichkeit zu Füßen, ja sie achteten es sich zum Ruhm, als Mitglieder dieser hohen Zunft,
> den Abend ihres Lebens in göttlichen Betrachtungen zwischen einsamen Klostermauern zu
> beschließen. [...]. Das waren die schönen wesentlichen Züge der echt katholischen oder
> echt christlichen Zeiten (NI 163f).

Natürlich versteht jeder, dass sein Bild vom Mittelalter nicht der Wahrheit entspricht.
Es ist nämlich bekannt, dass das Leben in diesem Zeitalter nicht immer so ideal war,
dass die Rolle der Kirche eher dominant und in manchen Fällen noch autoritär war, wie
auch dass die Fürsten nicht immer eine so „enge" Beziehung mit dem Oberhaupt der
Kirche hatten, sondern meistens eine „gegenseitige Abhängigskeitsbeziehung" pflegten,
die ihren eigenen Interessen entsprach. Übrigens erwähnt Novalis nicht die Tatsache,
dass Rom der Kern der Christenheit geworden war, weil die Oberhaupten der Kirche in
Zusammenarbeit mit den Fürsten Jerusalem und viele andere Orte im Namen Gottes
geplündert hatten. Trotzdem schafft er durch seine poetische und emotionserrengende
Sprache in der Phantasie des Lesers genau das gleiche Bild vom Mittelalter zu schaffen,
das er im Kopf hatte, nämlich ein heiliges, göttliches Bild über diese Zeit.

In einem anderen Punkt hebt hervor, dass

> [e]ine gewaltige Ahndung der schöpferischen Willkür, der Grenzenlosigkeit, der
> unendlichen Mannigfaltigkeit, der heiligen Eigentümlichkeit und der Allfähigkeit der
> innern Menschheit [...] überall rege zu werden [scheint]. Aus dem Morgentraum der
> unbehülflichen Kindheit erwacht, übt ein Teil des Geschlechts seine ersten Kräfte an
> Schlangen, die sein Wiege umschlingen und den Gebrauch seiner Gliedmaßen ihm
> benehmen wollen. Noch sind alles nur Andeutungen, unzusammenhängend und roh, aber
> sie verraten dem historischen Auge eine universelle Individualität, eine neue Geschichte,
> eine neue Menschheit, die süßeste Umarmung einer jungen überraschten Kirche und eines
> liebenden Gottes, und das innige Empfängnis eines neuen Messias in ihren tausend
> Gliedern zugleich. Wer fühlt sich nicht mit süßer Scham guter Hoffnung? Das Neugeborne
> wird das Abbild seines Vaters, eine neue goldne Zeit mit dunkeln unendlichen Augen, eine
> prophetische wundertätige und wundenheilende, tröstende und ewiges Leben entzündete
> Zeit sein – eine große Versöhnungszeit, ein Heiland, der wie ein echter Genius unter den
> Menschen einheimisch, nur geglaubt nicht gesehen werden [kann], und unter zahllosen
> Gestalten den Gläubigen sichtbar, als Brot und Wein verzehrt, als Geliebte umarmt, als Luft
> geatmet, als Wort und Gesang vernommen, und mit himmlischer Wolllust, als Tod, unter
> den höchsten Schmerzen der Liebe, in das Innre des verbrausenden Leibes aufgenommen
> wird (NI 176).

Seiner Ansicht nach ist also die Entwicklung des neuen Gottesreiches ein
innerweltlicher und innermenschlicher Prozess, der, obwohl sich in unserer Seele
ereignet, auch die Außenwelt umgestaltet[107]. Die „junge überraschte Kirche" ist die
junge Generation der Romantiker und Novalis selbst, deren Inspiration nicht von der
christlichen Tradition und von einem lieben Gott, sondern ihrem idealistischen
Verständnis zufolge von dem vom Buchstaben wieder emanzipierten Geist stammt[108].

---

[107] Vgl. Pikulik 1992: 207
[108] Vgl. Ebd.

Was den „neuen Messias" betrifft, geht es um keine erlösende Person wie zum Beispiel Christus, sondern um einen erlösenden Weltzustand[109]. Die neue Generation, die der Romantiker, wird die Welt romantisiert und verändert. Sie werden den Menschen eine neue Religion, eine neue Zeit und die neue Moderne beibringen und so wie das Mittelalter etwas Neues nach der Antike war, wird die Romantik das Neue und das Alternative nach der Regelhaftigkeit der früheren Zeit sein.

Da er so tief an das Neue und das Aufkommende glaubt, bietet er selbst die Lösung zu allen diesen Problemen der Menschheit und Europas. Er behauptet nämlich:

> Nur die Religion kann Europa wieder aufwecken und die Völker sichern, und die Christenheit mit neuer Herrlichkeit sichtbar auf Erden in ihr altes friedenstiftendes Amt installieren. [...] Die Christenheit muß wieder lebendig und wirksam werden, und sich wieder eine sichtbare Kirche ohne Rücksicht auf Landesgrenzen bilden, die alle nach dem Überirdischen durstige Seelen in ihren Schoß aufnimmt und gern Vermittlerin der alten und neuen Welt wird. [...] Aus dem heiligen Schoße eines ehrwürdigen europäischen Konsiliums wird die Christenheit aufstehn, und das Geschäft der Religionserweckung, nach einem allumfassenden, göttlichen Plane betrieben werden. Keiner wird dann mehr protestieren gegen christlichen und weltlichen Zwang, denn das Wesen der Kirche wird echte Freiheit sein, und alle nötigen Reformen werden unter der Leitung derselben, als friedliche und förmliche Staatsprozesse betrieben werden (NI 180ff).

Er wünscht ihm also die Vereinigung Europas unter einer Institution wie die Religion zum Beispiel, die alles und alle Menschen ohne Rucksicht auf unterschiedliche Länder und Nationalitäten zu nehmen, verbinden kann. Europa soll damit anfangen, damit auch die anderen seinem Beispiel folgen können, damit das Neue und das Alte in der ganzen Welt eins werden können und eine neue Ära beginnen kann. So wie die Kirche und die Religion im Mittelalter es geschafft hatten, so viele Leute zu einigen, so könnte die Romantik als Bewegung des Geistes zu einer Weltgemeinschaft führen.

Obwohl man diesen Essay als ein reaktionäres Dokumente angesehen hat, ist Novalis weder Nationalist noch Politologe, sondern ein Weltbürger, der in poetischen Metaphern über den poetischen Idealstaat sprach[110]. Er erachtete die Französische Revolution für eine notwendige Zwischenstufe zwischen dem poetisch aufgefassten gläubigen Mittelalter und der neuen heiligen Zeit und er versuchte aus dieser Spaltung eine neue Synthese zu schaffen, für die das romantisierte Mittelalter nur als poetische Metapher steht[111]. Novalis wollte mit diesem Werk weder die Realität des Christentums noch die des Mittelalters wiedergeben[112]. Er wollte auch keine Fakten vermitteln, sondern durch die Dichtung, eine „Idee" vom Mittelalter bzw. einen „transzendentalen

---

[109] Vgl. Pikulik 1992: 207
[110] Vgl. Hoffmeister 1990: 20
[111] Vgl. Ebd.
[112] Vgl. Pikulik 1992: 205

Entwurf" geben[113]. Die Europa-Rede wurde bis zu einem gewissen Grad in der späteren Romantik als Zeugnis einer konservativen Haltung rezipiert und deshalb wurde ihr Wert und ihre eigentliche Botschaft erst später nach 1825 entdeckt, als sie zum ersten Mal in voller Länge publiziert worden war[114].

Bemerkenswert ist es, dass man diese Rede nicht verstehen kann, wenn man ihren experimentellen Charakter nicht einsieht, denn es geht um ein Probierstück, was sogar aus der Tatsache hervorgeht, dass er starke Reaktionen bei seiner ersten Aufführung im Jena Kreis erregt hatte[115]. Novalis spielt hier die Rolle des Redners und spricht im Ton der naiven Begeisterung und Überzeugung über das Mittelalter und das Christentum und trotzdem ist dem Leser klar, dass er alles Andere als naiv war und dass er diese Haltung nicht gänzlich teilt[116]. Eine neue Welt, deren Wesen die „echte Freiheit" wäre, ist der Wunsch, die Erwartung, die Hoffnung von Novalis, eine romantisierte Welt, wo der Geist die erste, die bedeutendste Rolle spielen wird und alle zusammen zu einer Vergöttlichung des Staates führen werden.

Novalis wird als ein Frühromantiker der Romantik betrachtet und hat viele seiner Zeitgenossen, aber auch die nächsten Generationen stark beeinflusst. Steffens[117] hat über Novalis berichtet:

> Ich habe später Menschen kennen gelernt, die ganz von ihm beherrscht wurden: Männer, die sich durchaus einem praktischen Leben weihten, empirische Naturforscher aller Art, die das geistige Geheimnis des Daseins hoch hielten und den verborgenen Schatz in seinen Schriften aufgehoben glaubten. Wie wundersame, vielversprechende Orakelsprüche klangen ihnen die dichterisch religiösen Gedanken von Novalis, und sie fanden in seinen Äußerungen eine Stärkung, fast wie der fromme Christ in der Bibel.

Viele Menschen hat er also inspiriert und viele haben versucht, in seinen Schriften den wahren Sinn zu finden. Einer von ihnen sollte auch Eichendorff sein, der in „Halle und Heidelberg" geschrieben hat: „Romantik war keine bloß literarische Erscheinung, sie unternahm vielmehr eine innere Regeneration des Gesamtlebens, wie sie Novalis angekündigt hatte"[118]. So wie Novalis ihm die Romantisierung des ganzen Lebens und eine große Änderung in der Welt gewünscht hatte, was nur durch die Romantik stattfinden könnte, so glaubte auch Eichendorff, dass die Romantik eine Wende zum Guten bringen könnte. Er fand, dass die Vorstellung von Novalis von einer religiösen Wiedergeburt von großer Bedeutung war und deshalb hat er ihm in *Über die ethische*

---

[113] Vgl. Ebd.: 205f
[114] Vgl. Ebd.: 209
[115] Vgl. Ebd.: 210
[116] Vgl. Ebd.
[117] Steffens zitiert in: Schiwy 2000: 167
[118] Eichendorff zitiert in: Schiwy 2000: 168

und religiöse Bedeutung der neueren romantischen Poesie in Deutschland das erste Kapitel gewidmet, in dem er sich mit dessen Ideen direkt auseinandersetzt[119]. Eichendorff hatt die Möglichkeit Novalis durch eine Auflage seiner *Schriften* 1802 und 1805 von Ludwig Tieck und Friedrich Schlegel zu studieren, unter denen auch ein Teil seines Werkes *Die Christenheit oder Europa* stand[120].

---

[119] Vgl. Schiwy 2000: 168
[120] Vgl. Ebd.: 169

<u>3.Joseph von Eichendorffs Novelle *Das Marmorbild*</u>

Kein Dichter gibt einen fertigen Himmel, er stellt nur die Himmelsleiter auf.

Joseph von Eichendorff

Ein paar Jahren nach diesem theoretischen Text von Novalis erschien im Jahr 1818 eine Novelle von Joseph von Eichendorff, *Das Marmorbild*, die auch die Thematik der Christenheit behandelte, aber in diesem Fall aus der Perspektiven des echten Glaubens und der Vorherrschaft des Guten und Christlichen gegenüber dem Bösen und Heidnischen. Wie Novalis in seinem Essay *Die Christenheit oder Europa* die Entwicklung von der Reformation zur Revolution umdrehen wollte, so wünschte sich Eichendorff die Wiederherstellung der alten Kirche und des aristokratisch-ritterlichen Geistes[121]. „Als einen Spaziergang in amtsfreien Stunden ins Freie hinaus"[122] beschrieb Eichendorff am 2. Dezember 1817 an Friedrich de la Motte Fouqué sein Manuskript[123]. Mit einer klaren Trennung zwischen Tag und Nacht bzw. Christlichem und Heidnischem und indem er diese Trennung als den Angelpunkt seiner Erzählung stellte, inszenierte er das Leben Florios und grenzte die Sphären, an denen die verschiedenen Figuren handelten, ab.

Es ist faszinierend zu beobachten, wie Fortunato und Bianka und mit ihnen „Begriffe" wie Freundschaft und Liebe mit der Tagwelt verbunden sind, während Donati und die Venus und mit ihnen die Idee der Verführung und der Verlockung eher mit der Nachtwelt konnotiert sind. Indem er Fortunato als den von der Zeit des Mittelalters bekannten Minnesänger, Donati wie ein Ritter und alle Figuren in der italienischen Stadt Lucca darstellte, benutzte er den beliebten romantischen Topos des Mittelalters und er schaffte es die Anziehung, die diese Zeit für viele Romantiker hatte, in seinem Werk zu evozieren.

Ein „Italienbild" entfaltete sich sehr früh in der romantischen Dichtung und Wackenroder wie auch Tieck benutzten in ihren Werken Italien als einen religiösen, christlichen Ort[124]. Trotzdem war Eichendorff mit seinen Erzählungen *Das Marmorbild* und *Aus dem Leben eines Taugenichts* einer von denjenigen, der Italien dämonisch-heidnische Züge verlieh, die für die Menschen gefährlich sein könnten[125]. Aus einem Ort christlicher Abenteuer wandelte sich Italien in ein Land der Verlockung, weil hier

---

[121] Vgl. Nehring 1997: 84
[122] Eichendorff zitiert in: Schiwy 2000: 441
[123] Vgl. Schiwy 2000: 441
[124] Vgl. Hoffmeister 1990: 84
[125] Vgl. Ebd.

die antiken Naturmächte immer noch wirksam sind und das christliche Italien des Mittelalters ist eher heidnisch geworden und deshalb ein idealer Kampfplatz und ein Probefeld sogar für einen christlichen Dichter wie Eichendorff, der die italienische Renaissance als Kult des Heidentums argwöhnisch betrachtete und doch ihre mythologische Vergangenheit für seine Dichtung brauchte[126]. Goethe andererseits erlebte in Italien eine Wiedergeburt seines Griechentums[127].

Besonders wichtig für diese Novelle ist die Tatsache, dass sie am Anbruch der Neuzeit, der „modernen Zeit" sowie in Italien spielt, das einerseits der antiken Kultur nahe steht und andererseits als Kernland der christlichen Welt gilt und somit ist es geeignet, um die Differenz zwischen der alten und der neuen Ära deutlich zu machen[128]. Diese allgemeine Idee der Novelle erinnert stark an Novalis und an seinen Aufsatz *Die Christenheit oder Europa*, die auch die Thematik des Alten und des Neuen behandelte und das Christentum als den einzigen Schritt zu einer erlösenden Welt betrachtete. Zu Beginn der Erzählung befindet sich Florio, ein unsicherer Jüngling, beim Eintritt in die Stadt Lucca, wo er einen Mann, einen anderen Ritter, kennen lernt, der eigentlich der berühmte Sänger Fortunato ist und während sie sich über Poesie unterhalten, erscheint die erste Äußerung Fortunatos über Gott, wenn er sagt: „Jeder lobt Gott auf seine Weise [...] und alle Stimmen zusammen machen den Frühling" (ME 277)[129]. Er ist eigentlich derjenige, der Florio mit seinem Lied von den Verlockungsmächten nur rettet und ihn in die Welt des Tages und des Gottes zurückbringt.

Beim Eintritt Florios in den Palast der schönen Dame, das erste Mal, als er sie singen hört und sie sieht, werden einige „zerschlagene[...] Marmorsteine[...] und Säulenknäufe[...]" (ME 291) beschrieben, was wahrscheinlich auf einen zerstörten Tempel verweist, während bei seinem zweiten Besuch Florio meint, dass „[d]as Schloß [...] selbst ganz von Marmor [war], und seltsam, fast wie ein heidnischer Tempel gebaut" (ME 302). Trotzdem findet er ihn sehr schön und prunkvoll betrachtet, er wie auch seine schöne Inhaberin bezaubern ihn und die heidnischen Mächte, auch wenn sie als gefährlich und verführerisch beschrieben werden, sind diejenige, die dem jungen Mann die Reise in einer ihm neuen Welt erlauben und ihn beeindrucken. Eichendorff vergisst nämlich nicht auch diese Seite zu zeigen, die während der ganzen Novelle

---

[126] Vgl. Ebd.
[127] Vgl. Ebd.
[128] Vgl. Schmitz-Emans 2004: 130
[129] ME steht für: Joseph von Eichendorff (1818): *Das Marmorbild* in: Meier, Albert / Schmitz, Walter (Hrsg.): *Erzählungen der deutschen Romantik*. München: Deutscher Taschenbuch Verlag, S.277-312.

vorhanden ist. Trotzdem wird am Ende der Erzählung die Ordnung wiederhergestellt, die heidnischen Mächte verlieren das Spiel und das Christentum gewinnt.

Schauplatz der Verführung ist eine Ruine, was kein Zufall ist, da Ruinen in der Romantik ein beliebtes Motiv der Romantiker waren, denn einerseits schafft diese malerische Szenerie eine Verbindung mit der mittelalterlichen Vergangenheit, aber andererseits bietet dieser Verfall der Burgen und Schlösser die Möglichkeit zu melancholischen, wenn nicht gar schauerlichen Gedanken[130]. Fortunato bemerkt als erste „wie seltsam das Zwielicht über dem Gestein der alten Ruine auf dem Berge dort spielt!" (ME 308), Florio sieht den Weiher, „über dem sich zum Teil zertrümmendes Marmorbild erhob, hell vom Morgen angeglüht" (ME 308) und durch das Lied Fortunatos wied deutlich, dass diese Ruine „ein ehemaliger Tempel der Venus" (ME 310) war. „[D]er Geist der schönen Heidengöttin habe keine Ruhe gefunden" (ME 310) und deshalb kommt sie jeden Frühling aus ihrem Graben aus und versucht junge Männer zu verführen. Es handelt sich nämlich um eine Ruine, das Alte ist seit langem vergangen, seine Verlockungsmächte sind nicht mehr einflussreich und das Christliche, das Neue übernimmt die herrschende Rolle in der neuen Gesellschaft. Fortunato und Bianka schaffen es Florio davor zu retten, sich in einer heidnischen und bösen Welt zu verlieren.

Was den Stoff vom gespenstischen Venusbild betrifft, hat ihn Eichendorff aus einer Anekdotensammlung des 17. Jahrhunderts übernommen und die Tannhäuser-Sage ist mittelalterlicher Herkunft[131]. In der Erzählung sind Motive aus der griechisch-römischen Antike zu finden, wodurch diese strukturell dem Thema einer Wiederkehr der heidnischen Welt in der romantischen Moderne korrespondiert[132]. „Die Szene, in der Florio erstmalig auf die Göttin trifft, erinnert an die Geburt der Venus / Aphrodite aus dem Wasser. Das Motiv der Reflexion im Wasser spielt auf die Geschichte des Narziss an, der sich an sein im Wasser gespiegeltes Bild verlor. Zudem ähnelt Florio dem Hylas, den Nixen in die Tiefe zogen, und dem von Sirenen angelockten Odysseus"[133]. Beinflusst wahrscheinlich von allen diesen mythischen Figuren und Geschichten und noch von vielen anderen, die mit dem Motiv der Venus oder der Belebung von Frauenstatuen zu tun haben, hat Eichendorff seinen eigenen

---

[130] Vgl. Hoffmeister 1990: 188
[131] Vgl. Schmitz-Emans 2004: 132
[132] Vgl. Ebd.
[133] Ebd.

Protagonisten einige bestimmte Eigenschaften gegeben und seine eigene Novelle die Möglichkeit, etwas aus Mythologie zu erinnern.

Eichendorff lässt seine Protagonisten oft ins Spannungsfeld widerstreitender Mächte geraten, ein Grundmodell, das auch andere romantische Autoren gern anwenden[134], wie zum Beispiel E.T.A. Hoffmann in seinem Werk *Die Bergwerke zu Falun*, wo der junge Elis nach vielen innerlichen Kämpfen, sich den Nachtmächten lässt und den Verlockungsmächten des Bergwerks keinen weiteren Widerstand zeigen kann. Der Scheideweg zwischen Gut und Böse, wahrer Lehre und weltlichen Verlockungen wird als Kerntopos des christlichen Modells der Seele betrachtet und hat selbst schon antike Wurzeln[135]. In der Novelle *Das Marmorbild* stellt Eichendorff der Welt der Venus das christianisierte Kunstreich Fortunatos gegenüber[136]. Diese Rebellion der heidnischen Götter gegen die christliche Wertewelt kann als eine Kollision zwischen antagonistischen Ordnungen des Denkens und der Werte interpretiert werden[137]. Bei Eichendorff handelt es sich bei dieser Gegenüberstellung von Christentum und heidnischer Antike um eine Kontrastierung zweier Lebensmöglichkeiten, zwischen denen das Ich, in diesem Fall Florio, zu wählen hat, und die verschiedene Lebensphase entsprechen[138]. Florio meint, dass sie schöne Frau ihm aus seiner „frühere[n] Jugend" (ME 292) bekannt ist, also ist das Heidnische mit seiner Jugend verbunden, während seine Reife, wie auch sein darauf folgendes Leben mit Bianka und auf diese Weise auch mit dem Christlichen verbunden wird. Indem Florio sich für Bianka am Ende der Erzählung entscheidet, vollzieht er eine Abkehr von den „dunklen Mächten", die nach ihm greifen[139].

Für Eichendorff was diese Arbeit am *Marmorbild* eine Möglichkeit „mit sich selbst ins Reine" zu kommen, denn, wie der junge Florio zwischen zwei Frauen stand und einen Entschluss fassen musste, so stand auch Eichendorff zwischen wirklichen oder phantasierten verführerischen Frauengestalten und seiner Frau Louise von Larisch[140]. Übrigens, wie Fortunato, die christliche Figur, den jungen Florio mit einem Lied aus der verführerischen Venus gerettet hat, so will auch Eichendorff fortan noch konsequenter als bisher seiner „Dichterschaft" stehen, denn er versteht sie als Teilhabe an der

---

[134] Vgl. Ebd.
[135] Vgl. Ebd.
[136] Vgl. Ebd.
[137] Vgl. Ebd.: 133
[138] Vgl. Ebd.
[139] Vgl. Malsch 1965: 226
[140] Vgl. Schiwy 2000: 443

erlösenden Macht Gottes[141]. Immer wird in Eichendorffs Werk der selbstbefangene Subjektivismus und das Bekenntnis zu Natur und Gott, der menschlichen Gemeinschaft gegenübergestellt und *Das Marmorbild* lebt eigentlich aus diesem Konflikt[142].

3.1 Zwei Welten in Opposition

Frau Venus

Was weckst du, Frühling, mich von neuem wieder?
Daß all die alten Wünsche auferstehen,
Geht übers Land ein wunderbares Wehen;
Das schauert mir so lieblich durch die Glieder.
[...]
So mich auch ruft ihr aus dem stillen Hause -
Und schmerzlich nun muß ich im Frühling lächeln,
Versinkend zwischen Duft und Klang vor Sehnen.
Joseph von Eichendorff

Selbst die Namen dieser Figuren zeigen wie ambig sie sind, auch wenn man mit einem ersten Blick sie sofort als Zugehörige der einen oder der anderen Welt betrachtet. Florio, dessen Namen sich auf die Blüten bezieht, ist als jemand charakterisiert, der der Welt der Natur zugeordnet ist, die ihrerseits dem Reich der Ewigkeit antagonistisch gegenübersteht und die zyklisch organisiert und nicht linear-teleologisch wie die christliche Heilsgeschichte ist[143]. Obwohl sein Name ihn mit der Natur verbindet, die nicht den christlichen Idealen entsprechend organisiert ist, bringen ihn seine Lebensentscheidungen in Zusammenhang mit dem Christentum. Die Venus, die einer alten, vergangenen Welt zugehört, kehrt jeden Frühling zurück, was bedeutet, dass die Natur und der Frühling ihr ihren Anteil an Macht über die Welt geben[144]. Obwohl sie nämlich eine Konnotation mit einer heidnischen Welt hervorruft, einer Welt, die nicht mehr existiert und vom Christentum erlöst hat, hat sie ihren Platz in dieser christlichen Welt nicht verloren und sie kehrt immer wieder zurück. Donati ist eindeutig negativ konnotiert, denn er ist der heidnischen Schönheit verfallen, und doch, da sein Name aus „donare" nämlich „schenken" stammt, ist in ihm auch die Erinnerung an eine Gabe vorhanden[145]. Übrigens kann es auch von ihm behauptet werden, dass er sowohl Täter

---

[141] Vgl. Ebd.: 444
[142] Vgl. Nehring 1997: 90
[143] Vgl. Schmitz-Emans 2004: 134.
[144] Vgl. Ebd.
[145] Vgl. Ebd.

als auch ein Opfer ist[146], denn einerseits spielt er eine aktive Rolle bei der Verführung Florios, andererseits ist er aber nur ein Diener, der seiner Herrin gehorchen muss.

Fortunato, andererseits, vertritt die Tagseite der Welt, dennoch ist in seinem Namen der von Fortuna, der Schicksalsgöttin, enthalten, was bedeutet, dass inmitten des Glücklichseins das Schicksal herrscht, nämlich der Zufall und die Kontingenz[147]. Zum Schluss, obwohl Bianka wie Fortunato der Tagwelt eingeordnet ist, trifft sie anfänglich Florio als Ballspielerin, also bei einer Beschäftigung, die eher als Metapher vom Spielball des Schicksals interpretieren lässt[148]. Die Tagwelt von Bianka und Fortunato wird also vom Zufall bestimmt und ihre Zugehörigkeit dazu bedeutet, zumindest teilweise, dass sie auch von Kontingenzen abhängig sind, denn der gute Wille von allein macht niemanden zum Herren seines Glücks[149]. Es ist also faszinierend zu betrachten, wie kunstvoll Eichendorff alle diese widersprüchlichen Eigenschaften der Figuren verflochtet hat und ihnen so viele Interpretationsmöglichkeiten erlaubt hat.

Im Rahmen der Thematik „Christentum vs. Heidentum" spielen neben Florio, der eigentlich in der Mitte steht und den entweder die eine oder die andere Macht anzieht, die anderen vier Figuren eine sehr wichtige Rolle. Was Florio betrifft, ist es spannend zu beobachten, auf welche Art und Weise und aus welchem Grund er sich der einen oder anderer Welt nähert und was die anderen Charaktere betrifft, ist es interessant zu untersuchen, welche Mittel sie benutzen, um ihn auf sich zu lenken. Er repräsentiert den typischen romantischen Helden, der ein Künstler bzw. ein Poet ist, der eine Reise beginnt, um neue Erfahrungen zu sammeln und die weite Welt kennen zu lernen. Florio ist auch derjenige, der über die ideale, die unerreichbare Frau spricht, was als einen Topos der Romantiker gilt. Es wird nämlich erwähnt:

> Er mußte über sich selber lachen, da er am Ende nicht wußte, wem er das Ständchen brachte. Denn die reizende Kleine mit dem Blumenkranze war es lange nicht mehr, die er eigentlich meinte. Die Musik bei den Zelten, der Traum auf seinem Zimmer, und sein, die Klänge und den Traum und die zierliche Erscheinung des Mädchens, nachträumendes Herz hatte ihr Bild unmerklich und wundersam verwandelt in ein viel schöneres, größeres und herrliches, wie er es noch nirgend gesehen (ME 286).

Seine Phantasie hat also das Bild des Mädchens in etwas Schöneres verwandelt, etwas, was nicht der Schönheit einer typischen Frau entspricht und das genau ist das Wunderbare und das Anziehende dieser weiblichen Figur.

---

[146] Vgl. Ebd.
[147] Vgl. Ebd.
[148] Vgl. Ebd.
[149] Vgl. Ebd.

Die Welt des *Marmorbilds* ist durch Spannungen und widerstreitende Kräfte, wie die Kontrastierung von Harmonien und Dissonanzen, Bilder der Versöhnung und der Entfremdung zwischen diesen vier Charakteren geprägt[150]. Fortunato selbst thematisiert mit seinem Lied diese Auseinandersetzung zwischen den zwei Welten, indem er ihm anfangs die sinnenfrohe Welt der älteren Götter ins Gedächtnis zurückruft, sobald er singt: „Ja, Bacchus, Dich seh' ich / Wie göttlich bist Du! / Dein Glühen versteh' ich, / Die träumende Ruh. [...] Frau Venus, du Frohe, / So klingend und weich, / In Morgenrots Lohe / Erblick' ich Dein Reich" (ME 281), dann aber stellt er eine Atmosphäre des Verlusts dar, denn alle bleiben plötzlich still und keiner spricht: „Und mitten im Feste / Erblick' ich, wie mild! / Den Stillsten der Gäste. - / Woher, einsam Bild?" (ME 282), damit er am Ende des Liedes erwähnt, dass er dem „Jüngling vom Himmel" (ME 283) folgen will und seine Sehnsucht nach einem Himmel äußern, der eher göttlich und christlich aussehen wird: „Was will ich noch hoffen? / Hinauf, ach hinauf! / Der Himmel ist offen, / Nimm, Vater, mich auf!" (ME 283). Während der ganzen Novelle schafft Fortunato mit seinen Liedern die Vorherrschaft des Christlichen dem Heidnischen gegenüber zu thematisieren, Florio in die Richtung des Christentums zu führen und ihn sogar vor dem absoluten Verlieren in einer heidnischen Sphäre zu schützen.

Was die Handlung betrifft, bekommt diese Auseinandersetzung einen Sinn erst beim Auftritt des Ritters Donati, der im Gegensatz zum christlichen Sänger Fortunato die heidnische Sphäre wie auch die Götterwelt repräsentiert und auf dessen Gesicht die Verwandlung ins Dämonische sichtbar ist[151]. Donati „sah fast wie ein Toter aus" (ME 291), als Florio ihn im Garten des Palastes traf und als er am folgenden Morgen in Florios Zimmer trat, war „ganz schwarz gekleidet und sah [...] ungewöhnlich verstört, hastig und beinah wild aus" (ME 293). Übrigens wollte er am Sonntag jagen gehen und lud sogar Florio ein, was aber Florio höfflich ablehnte, indem er ihm sagte: „ich könnte heut nicht jagen. Wie da draußen alle Arbeit rastet, und Wälder und Felder so geschmückt aussehen zu Gottes Ehre, als zögen Engel durch das Himmelblau über sie hinweg – so still; so feierlich und gnadenreich ist diese Zeit!" (ME 293). Später, als die Kirchenglocken zu klingen anfingen, ging Donati erschrocken sofort weg. Er zeigt also einen erkennbaren Abscheu vor allem Christlichen, er ist eine eher düstere Figur, aber es ist bemerkenswert, dass er eigentlich Angst vor allem Christlichen hat, was

---

[150] Vgl. Ebd.: 129f
[151] Vgl. Ebd.: 131

wahrscheinlich bedeutet, dass er die Erhabenheit des Christlichen dem Heidnischen gegenüber schon einsieht, aber versucht trotzdem, als Diener einer heidnischen Göttin seine Pflichten so gut wie möglich zu erfüllen.

Florio wird von diesen zwei antagonistischen Welten bzw. von der Licht und dem Dunkel im Rahmen seines erwachten Künstlertums abwechselnd gelenkt und so erscheinen ihm Menschen und Dinge in wechselnden Beleuchtungen[152]. Dieser Antagonismus aber zwischen der christlichen und heidnischen Welt wiederholt sich auch in der Doppelgestalt des Venusbildes und Biancas[153]. Bei einem Maskenfest trifft er ein Mädchen, das zunächst scheint, als sich Bianca hinter der Maske verbergt, wenn es aber sich zu Florios Verblüffung vor ihm verdoppelt und Florio der Doppelgängerin folgt, erweist sich die weibliche Figur als die schöne Frau, die er am vorigen Tag im Garten des Palastes kennen gelernt hatte[154]. Trotzdem, als Florio versteht, dass sie eigentlich die schöne Sängerin war, die er in ihrem Garten kennnen gelernt hatte, „fuhr er erschrocken zusammen" (ME 298), denn die schöne Dame sah in diesem Moment anders aus. „[I]hr Gesicht, das der Mond hell beschien, kam ihm bleich und regungslos vor, fast wie damals das Marmorbild am Weiher" (ME 299). So wie das Marmorbild ihn verlockt und gleichzeitig erschreckt, so erregt sie in ihm auch in diesem Fall gemischte Gefühle.

Bianka wird als schüchternes Mädchen beschrieben: „Sie schien ganz verschüchtert, als er sich ihr näherte, und wagte es kaum zu ihm aufzublicken" (ME 300). Übrigens wirkt sie eher sentimental und als ob sie eine reine Seele hätte, etwa wenn sie an eine alte Sage glaubt, nach dem „einem Mädchen, wenn sie in einem aus neunerlei Blumen geflochtenen Kränze einschläft, ihr künftiger Bräutigam im Traume erscheine" (ME 301). Bianka hat es gemacht und sie hat von Florio geträumt. Da er aber sich für eine andere Frau interessiert, „[...] zerpflückte [sie] die trügerischen Blumen, die sie jetzt wie einen Brautkranz aufbewahrt. Dann lehnte sie die Stirn an das kalte Geländer und weinte aus Herzensgrunde" (ME 301). Obwohl sie im Gegensatz zur Venus Florio liebt, äußert sie ihm gegenüber ihre Liebesgefühle nicht und sie lässt ihn von allein eine Entscheidung treffen. Am Ende ist sie auch diejenige, die Florio "gewinnt" und das Leben in der christlichen Welt gewährleistet. Florio sagt: „Ich bin wie neu geboren, es ist mir, als würde noch alles gut werden, seit ich Euch wiedergefunden. Ich möchte

---

¹⁵² Vgl. Ebd.
¹⁵³ Vgl. Ebd.
¹⁵⁴ Vgl. Ebd.

niemals wieder scheiden, wenn Ihr es vergönnt" (ME 312) und er bemerkt, dass Bianka „wie ein heiteres Engelsbild auf dem tiefblauen Grunde des Morgenhimmels [aussah]" (ME 312).

Das Erscheinen im gleichen Kunstwerk von der dämonischen Frau als Gegenspieler einer liebenden opferbereiten Heldin kommt in der romantischen Literatur oft vor[155]. Diese dämonische Frau, die so genannte „Femme fatale", strebt die Verführung der Männer ohne Mitleid und Gewissensbisse um der Verlockung bzw. der sexuellen Beute willen und also spielt die Liebe nicht mehr die zentrale Rolle als Handlungsmotiv[156]. In der Literaturgeschichte hat man diesen Frauentyp der grausamen Schönheit mit dem Vampir, dem dämonischen Blutsauger des Volksaberglaubens, wie auch mit der heidnischen und insbesondere schwarzen Venus verglichen[157]. Eichendorff benutzt also eine dämonische Frauenfigur, wenn auch kein Vampir, um die Auseinandersetzung zwischen einer christlichen und heidnischen Frau zu thematisieren und er stellt seine Venus wie eine böse und verführerische Figur dar, die tief verbunden mit der Natur ist[158].

3.2 Die Nachtseiten der Natur

> *Ich lebe bei Tage*
> *Voll Glauben und Mut*
> *Und sterbe die Nächte*
> *In heiliger Glut*
> *Novalis*

Die Nacht spielte eine zentralle Rolle im Diskurs bereits der Aufklärung, da die Aufklärer in ihrem Versuch über das Licht zu sprechen und sich als die lichtbringenden Mächte zu etablieren, den Gegensatz von Licht und Dunkel thematisierten[159]. In der Romantik wird die Nacht zum zentralen Schauplatz als Raum der Träume, der freien Einbildungskraft, der Gefühle, als einen Raum, wo alles Mögliche und Unmögliche passieren kann und wo man das Wunderbare erleben kann. Das Licht wird trotzdem paradoxerweise zum Redegegenstand der Romantiker, damit sie über das Dunkel

---

[155] Vgl. Hoffmeister 1990: 181
[156] Vgl. Ebd.
[157] Vgl. Ebd.
[158] Vgl. Ebd.: 182
[159] Vgl. Borgards / Neumeyer 2002: 23

schreiben können[160]. Das ist auch in Eichendorffs *Das Marmorbild* zu finden, da er die Antithese zwischen Tag und Nacht, Licht und Dunkel sich in der ganzen Novelle bewerkbar macht. Obwohl am Ende der Tag und das Licht gewinnen und die Erlösung bringen, wird die Nacht und die Dunkelheit als der Raum der Verlockung und des Wunderbaren dargestellt.

Die Nacht wie auch die Nachtseiten der Natur sind den großen Entdeckungen der Romantik zu schreiben und bei Novalis erreicht die romantische Naturbegeisterung ihren ersten Höhepunkt[161]. Für ihn war die Nacht nicht nur eine wehmütige Zeit, sondern eine tolle Gelegenheit die „Schlüssel unendlicher Geheimnisse" zu finden, denn sie öffnet in uns die Augen des Geistes[162]. Die Nacht befreit die schöpferischen Kräfte der Phantasie und durch die Träume eröffnet sie uns den Zugang zum Unbewussten, zu vernachlässigten Seiten unserer Seele und genau aus diesen Regionen erwartet man die heilenden Kräfte, die den Menschen aus seiner Entfremdung vom Allgemeinleben der Natur zurückrufen können[163].

Trotzdem ist nicht nur die Nacht genug, um die Verherrlichung der Freuden und Leiden der Liebe zu thematisieren und aus diesem Grund nimmt auch die Natur eine wichtige Stelle in den Werken der Romantiker ein und sie nimmt sympatisierend als Kulisse und Seelenspiegel an allem Erleben teil[164]. Die Natur als Seelenspiegel und als Projektion des Seelenzustandes erlaubt nicht nur die Kommunion mit Gott, sondern bietet auch der Seele die Möglichkeit zur melancholischen Selbstaussprache[165]. Das Naturbild Eichendorffs weist Ähnlichkeiten mit der späthellenistischen Lehre der Gnosis über die Schöpfung auf, der zufolge diese Welt durch einen Abgrund vom Gott geschieden ist[166]. Dieser Lehre zufolge ist die Welt kein harmonisch organisiertes Reich, sondern von Dämonen bestimmt und böse und als ergänzendes Gegenstück dieser schlechten, todverfallenen natürlichen Welt stellen sich die Gnostiker ein göttliches Reich der Schönheit und Sinnfülle vor, wo Gott herrscht[167]. Sie meinen auch, dass so wie die Welt dual organisiert und innerlich gespalten ist, so ist auch der Mensch selbst[168].

---

[160] Vgl. Ebd.: 29
[161] Vgl. Hoffmeister 1990: 188
[162] Vgl. Ebd.
[163] Vgl. Ebd.
[164] Vgl. Ebd.: 184
[165] Vgl. Ebd.: 187
[166] Vgl. Schmitz-Emans 2004: 135
[167] Vgl. Ebd.
[168] Vgl. Ebd.

Was die Romantik betrifft, die die historische Differenz zwischen Antike und Neuzeit bedeutungsmäßig zu fassen versucht, ist die christliche Zeit im Vergleich zu der Antike eine Zeit der Verurteilung der Sinnenwelt und eine Hinwendung zur spirituellen Welt, welche die Verachtung und Auflösung der erscheinenden Natur nach sich zog[169]. Übrigens signalisieren die Unendlichkeit der Natur, die erhabene Gebirgswelt, der Panoramablick hin zum fernen Horizont, wie auch die Waldeinsamkeit die Göttlichkeit der elementaren Natur, die im betrachtenden Subjekt zum Ausdruck kommt[170]. Ebenfalls drücken sie auch die Verlassenheit und menschliche Einsamkeit angesichts des Universums aus und unter diesem Aspekt spiegelt die umgebende Natur vielmehr Vorgänge einer Innenschau des Subjekts, anstatt um ihrer selbst willen dargestellt zu sein[171].

Hinweise der Verführungs- und der Verlockungsmächte der Nacht werden schon beim Auftritt von Donati in der ersten Nacht des Aufenthalts von Florio in der Stadt Lucca klar. Er nähert Florio und er versucht seine Sympatie zu gewinnen, indem er über „Begebenheiten aus Florios früheren Tagen" (ME 283) spricht und er scheint mit Florios Heimat vertraut zu sein, was dazu beiträgt, „daß sich derselbe bald mit der dunkeln Gestalt auszusöhnen anfing" (ME 283). Bald fühlt sich Florio „wie ein träumendes Mädchen" (ME 284) zwischen den zwei Männern, was beweist, dass die dunklen Mächte, repräsentiert hier vom Ritter Donati, mit ihren Verführungsversuchen schon angefangen hatten. Später in der gleichen Nacht träumt Florio von Sirenen, die wie das schöne Mädchen aussehen, das er auf dem Fest kennen gelernt hatte und alle bekannte Motive der Nacht kommen in seinem Traum vor: das Schiff, das Meer, die Wassertiefe, Motive, die das Bewusste mit dem Unbewussten vermischen und die Szene, die sowieso in der Nacht spielt, dunkler, düsterer machen.

Die Nacht und die Finsternis kommen übrigens oft vor, wenn die Venus auftritt. Florio schlendert mit seiner Gitarre singend umher, als er sich plötzlich vor einem marmornen Venusbild befindet· „als wäre die Göttin soeben erst aus den Wellen aufgetaucht und betrachtete nun, selber verzaubert, das Bild der eigenen Schönheit, das der trunkene Wasserspiegel zwischen den leise aus dem Grunde aufblühenden Sternen widerstrahlte" (ME 287). Der Mond und die Natur spielen zur Entstehung dieser schönen Szene mit und die Dunkelheit der Nacht trägt zur idyllischen Szenerie bei. Solange Florio

---

[169] Vgl. Ebd.
[170] Vgl. Wolf 2002: 30
[171] Vgl. Ebd.

einzusehen versucht, ob alles das der Wahrheit entspricht oder nur ein Traum ist und „[...] die Augen lange geschlossen vor Blendung, Wehmut und Entzücken [hielt]" (ME 287), sieht alles plötzlich total anders aus und die Nacht zeigt eine bedrohliche Seite. Obwohl sie erstens wie eine Kulisse funktioniert hat, die das Bild verzaubert hatte, scheint sie jetzt grüselig aus und erschrekt Florio, der voller Angst flieht. Die Nacht in Zusammenhang mit der Natur erweist sich nämlich als der Rahmen sowohl der Erotik als auch des Horrors und das Romantische, das Sentimentale aber gleichzeitig auch das Grüselige benutzen sie als „Schauplatz".

Fortunato versucht am nächsten Tag Florio für die Tagwelt zurückzugewinnen, indem er ihm sagt:

> Laßt das, die Melancholie, den Mondschein und alle den Plunder; und geht's auch manchmal wirklich schlimm, nur frisch heraus in Gottes freien Morgen und da draußen sich recht abgeschüttelt; im Gebet aus Herzensgrund – und es müßte wahrlich mit dem Bösen zugehen, wenn Ihr nicht so recht durch und durch fröhlich und stark werdet! (ME 288).

Trotzdem fühlt sich Florio verwirrt und er kann nicht genau verstehen, was damit gemeint ist. „Ein tiefes, unbestimmtes Verlangen war von den Erscheinungen der Nacht in seiner Seele zurück geblieben" (ME 289) und „[e]r wußte nun selbst nicht mehr, was er wollte, gleich einen Nachtwandler, der plötzlich bei seinem Namen gerufen wird" (ME 289). Die Nachtwelt scheint also hier die Oberhand über die Tagwelt zu gewinnen und Florio eher auf ihre Seite zu ziehen.

Im Rahmen dieser Tag-Nacht Thematik spielt auch eine der schönsten, längsten und gleichzeitig emotionserregendsten Verführungsszenen der ganzen Romantik. Auf die wichtige Rolle der Natur dabei ist natürlich nicht zu verzichten, denn sie ist diejenige, die für den Verführungsversuch den notwendigen Schauplatz schafft. Florio ist zum zweiten Mal im Palast und er unterhält sich mit der schönen Dame. Florio „pflegte gewöhnlich lange Zeit nachdenklich in dem stillen Garten auf und ab zu gehen" (ME 304) während „[d]ie Gläser und Blumen [...] leise hin und her über [ihm] [schwankten], als wollten sie seltsame Träume weben, die Bienen summten dazwischen so sommerhaft und in einem fort" (ME 304). Eine Stille und eine ruhige Atmosphäre herrscht über die ganze Landschaft in diesem Moment. Trotzdem hat es nicht lange gedauert. Florio fing an, sich unwohl zu fühlen und deshalb sprach er Gott an: „Herr Gott, laß mich nicht verloren gehen in der Welt!" (ME 305).

> Kaum hat er die Worte innerlichst ausgesprochen, als sich draußen ein trüber Wind wie von dem herannahenden Gewitter erhob und ihn verwirrend anwehte. Zu gleicher Zeit bemerkte er an dem Fenstergesimse Gras und einzelne Büschel von Kräutern wie auf altem Gemäuer.

Eine Schlange fuhr zischend daraus hervor und stürzte mit dem grünlichgoldenen Schweife sich ringelnd in den Abgrund hinunter.

Erschrocken verließ Florio das Fenster und kehrte zu der Dame zurück. Diese saß unbeweglich still, als lausche sie. Dann stand sie rasch auf, ging ans Fenster und sprang mit anmutiger Stimme scheltend in die Nacht hinaus. Florio konnte aber nichts verstehen, denn der Sturm riß die Worte gleich mit sich fort. – Das Gewitter schien indes immer näher zu kommen, der Wind, zwischen dem noch immerfort einzelne Töne des Gesanges herzzerreißend heraufflogen, strich pfeifend durch das Haus und drohte die wild hin und her flackernden Kerzen zu verlöschen. Ein langer Blitz erleuchtete soeben das dämmernde Gemach. Da fuhr Florio plötzlich einige Schritte zurück, denn es war ihm, als stünde die Dame starr mit geschlossenen Augen und ganz weißem Antlitz und Armen vor ihm. – Mit dem flüchtigen Blitzesscheine jedoch verschwand auch das schreckliche Gesicht wieder wie es entstanden. Die alte Dämmerung füllte wieder das Gemach, die Dame sah ihn wieder lächelnd an wie vorhin, aber stillschweigend und wehmütig wie mit schwerverhaltenen Tränen.

Florio hatte indes, im Schreck zurücktaumelnd, eines von den steinernen Bildern, die an der Wand herumstanden, angestoßen. In demselben Augenblicke begann dasselbe sich zu rühren, die Regung teilte sich schnell den andern mit, und bald erhoben sich alle die Bilder mit furchtbarem Schweigen von ihrem Gestelle. Florio zog seinen Degen und warf einen ungewissen Blick auf die Dame. Als er aber bemerkte, daß dieselbe bei den indes immer gewaltiger verschwellenden Tönen des Gesanges im Garten immer bleicher und bleicher wurde, gleich einer versinkenden Abendröte, worin endlich auch die lieblich spielenden Augensterne unterzugehen schienen, da erfaßte ihn ein tödliches Grauen. Denn auch die hohen Blumen in den Gefäßen fingen an, sich wie buntgefleckte bäumende Schlangen gräßlich durcheinander zu winden, alle Ritter auf den Wandtapeten sahen auf einmal aus wie er und lachten ihn hämisch an; die beiden Arme, welche die Kerzen hielten, rangen und reckten sich immer länger, als wolle ein ungeheurer Mann aus der Wand sich hervorarbeiten, der Saal füllte sich mehr und mehr, die Flammen des Blitzes warfen gräßliche Scheine zwischen die Gestalten, durch deren Gewimmel Florio die steinernen Bilder mit solcher Gewalt auf sich losdringen sah, daß ihm die Haare zu Berge standen. Das Grausen überwältigte alle seine Sinne, er stürzte verworren aus dem Zimmer durch die öden widerhallenden Gemächer und Säulengänge hinab (ME 305f).

Die Venus und mit ihr die heidnischen Mächte decken sich in voller Pracht auf, die Natur spielt mit und eine ausgezeichnete Verführung- bzw. Horrorszene ist das Ergebnis dieser Verbindung. Solange die Venus ihn zu verführen versucht, wandelt sich die Natur, sie sieht wild und ungezähmt aus, die Nacht und die Finsternis verwandeln die Szenerie und der erschrockene Florio, wie auch der Leser, glaubt für einen Moment, dass das das Ende des jungen Mannes ist und dass die heidnischen Mächte, sich in der Welt durchgesetzt haben. Dennoch schafft er aus dem Zimmer und aus dem Palast, vor der bösen Venus und den heidnischen Mächten zu fliehen und eine andere, ruhige und christliche Welt erwartet ihn weit weg von den dämonischen Mächten.

Unten im Garten lag seitwärts der stille Weiher, den er in jener ersten Nacht gesehen, mit dem marmornen Venusbilde. – Der Sänger Fortunato, so kam es ihm vor, fuhr abgewendet und hoch aufrecht stehend im Kahne mitten auf dem Weiher, noch einzelne Akkorde in seine Gitarre greifend. – Florio aber hielt auch diese Erscheinung für ein verwirrendes Blendwerk der Nacht und eilte fort und fort, ohne sich umzusehen, bis Weiher, Garten und Palast weit hinter ihm versunken waren. Die Stadt ruhte, hell vom Monde beschienen, vor ihm. Fernab am Horizonte verhallte nur ein leichtes Gewitter, es war eine prächtig klare Sommernacht. (ME 306).

Sogar die Natur und die Nacht sehen anders weit weg vom dämonischen Palast. Das starke Gewitter sieht jetzt leicht aus, die Natur verliert ihre Wildheit und die Nacht ist einfach eine klare Sommernacht, eine ruhige Nacht, während derer die Menschen gern im Freundenkreis spazieren gehen. Bald erscheinen noch die ersten Lichtstreifen über den Morgenhimmel und alles gehört der Vergangenheit zu. Der Tag und das Licht, die christlichen Mächte haben mit Hilfe Fortunatos schließlich gewonnen und Florio gerettet. Das beweist auch das Lied des Mannes, den Florio trifft, als er zu verstehen versucht, was ihm passiert ist. Der Mann singt:

> Vergangen ist die finstre Nacht,
> Des Bösen Trug und Zaubermacht,
> Zur Arbeit weckt der lichte Tag;
> Frisch auf, wer Gott noch loben mag! (ME 307)

Alles ist schon vergangen, ein neuer Tag beginnt, ein Tag, wo die Zaubermächte keinen Platz mehr haben und die Menschen unter der Segen Gottes und in seinem Namen ein neues Leben an diesem neuen Tag führen können. Florio ganz glücklich und dankbar, da Gott auch ihm diese Chance bat, sang:

> Hier bin ich, Herr! Gegrüßt das Licht,
> Das durch die stille Schwüle
> Der müden Brust gewaltig bricht
> Mit seiner strengen Kühle.
>
> Nun bin ich frei! Ich taumle noch
> Und kann mich noch nicht fassen –
> O Vater du erkennst mich doch,
> Und wirst nicht von mir lassen! (ME 311)

Er verspricht Gott, dass er Ihn nie lassen wird, er versichert ihm, dass seine Verwirrung ein großer Fehler war und er erkennt Gottes Erhabenheit als die lichtbringende Macht an. Seine Glaube war so tief und stark, dass keine heidnische und verführerische Macht geschafft hatte, ihn aus dem Weg Gottes zu entfernen und deshalb hat er seine Orientierung nicht verloren. Das Christliche herrscht in Florios Welt und die Erlösung kommt.

4.Heinrich Heines Erzählung *Die Stadt Lucca*

Kein Mensch denkt, es fällt nur dann und wann den Menschen etwas ein, solche ganz unverschuldete Einfälle nennen sie Gedanken, und das Aneinanderreihen derselben nennen sie denken.

Heinrich Heine

Mit der Thematik des Christentums, aber aus einer anderen Perspektive befasste sich ebenso Heinrich Heine. Heine hielt immer eine kritische Stelle der Romantik gegenüber und mit seinem Werk *Die romantische Schule* versuchte er das Bild zu korrigieren, das die Franzosen über die deutsche Romantik hatten[172]. Heinrich Heine „identifiziert Romantik mit Christentum, Christentum mit Katholizismus, Katholizismus mit Reaktion"[173]. Er schätzte einige Romantiker und war sogar fasziniert von manchen, aber die Brüder Schlegel und ihr Kreis blieben ihm verdächtig[174]. Seine Werke erzeugten eher ironische Effekte und indem er sich mit dem Topischen und dem Konventionellen romantischer Bilder befasste, schaffte er manche Brechungseffekte, die bis zum parodistischen gehen und deshalb, wenn er der Romantik zugerechnet werden konnte, dann nur mit der Funktion dessen, der einen Schlussstein setzte[175]. Trotzdem bezeichnet er sich als der letzte „Dichter der Romantik"[176].

Heine inspirierte viele Schriftsteller in ganz Europa und er hat die europäische Romantik in ihrer Gesamtheit beeinflusst. Er repräsentierte eine realistische bzw. klassizistische Romantik, die innerhalb der Romantik existierte und er wurde wie ein „antiromantiker Romantiker" betrachtet, der sich über die Mittelalterschärmerei der Romantiker lustig machte und doch das „letzte freie Waldlied" der Romantik schrieb[177]. Besonders berühmt ist er für seinen ironischen Schreibstil und für seine scharfe Kritik der Gesellschaft, der Restauration und der Religion gegenüber. Sein Werk *Die Stadt Lucca* ist ein exemplarisches Beispiel dieser scharfen Kritik und Ironie, in diesem Fall hauptsächlich einer Staatsreligion gegenüber. Durch seine *Reisebilder*, wozu auch *Die Stadt Lucca* gehört, sucht er durch die in der Aufklärung entwickelte Völkspsychologie die Besonderheiten der einzelnen Nationen, die für die Versöhnung der europäischen Nationen und gegen ihre Nivellierung notwendig sein könnten, hervorzuheben[178].

---

[172] Vgl. Schmitz-Emans 2004: 13
[173] Vgl. Ebd.
[174] Vgl. Ebd.
[175] Vgl. Ebd.: 57
[176] Vgl. Hoffmeister 1990: 34
[177] Vgl. Ebd.: 215
[178] Vgl. Oesterle 1972: 67

Sein Werk spielt in der gleichen italienischen Stadt, Lucca, wie Eichendorffs *Das Marmorbild*. Beeinflusst also von den Ideen der Romantiker lässt er auch seine eigene Erzählung in Italien, „Heimatland" des Christentums, spielen, um aus seiner eigenen Perspektive das Christliche, ein beliebtes Thema der Romantik, zu thematisieren. Für Heine besteht Lucca aus nichts anderem als aus Kirchen, Klöstern und Kreuzen, Mönchen, Äbten und Madonnenbildern[179]. Das schöne Bild von Lucca, das Eichendorff dargestellt hat, wird hier also karikiert präsentiert.

Voltaire und Lessing waren die wichtigsten Vertreter der literarischen Religionskritik vor Heine, trotzdem dürfte die Religionskritik bei ihm noch um vieles literarischer sein[180]. Er sieht die philosophische Religionskritik zur Herrschaft einer kalten Notwendigkeit und er kommentiert die Position der Religion für eine gegenwärtige wie auch künftige demokratische Gesellschaftsordnung[181]. Die Thematik der Religion, ein Topos der Romantik, vermittelt sich, zumindest in der Literatur, über eine kritische Auseinandersetzung und viele Schriftsteller sogar der modernen Literatur, wie Thomas Mann, Döblin, Boll und Grass haben sich mit dieser Thematik befasst[182]. Die Romantiker selbst machten aus der Religion ein Phänomen der Kunst und die Bibel wurde für sie das wichtigste literarische Buch, wie F. Schlegel es bezeichnet hatte[183]. Heines literarische Art, an Religion bzw. Judentum und Christentum, Kritik zu üben, hat ihm viele Feinde eingebracht[184]. Trotzdem suchte er sich immer zu differenzieren und er stand im Grunde nur für sich selbst ein, „für die Wahrnehmungsfähigkeit und Sehschärfe der Literatur"[185].

Heine konnte dem Katechismus und dem Programm keiner Kirche und keiner Partei vertrauen, er wünschte ihm die Solidarisierung für die politische Ebene und er machte Religion und Religionskritik zum wesentlichen Punkt seines gesamten literarischen Werkes[186]. Da im 19. Jahrhundert die Religion ein bedeutender Kulturfaktor war, schloss Heines Gesellschaftskritik die literarische Religionskritik ein[187]. Er sprach über eine Religion der Freiheit, er sah im Deismus die Gewährleistung für ein menschenwürdiges Leben und er flirtete sogar mit atheistischen Anschauungen, sofern

---

[179] Vgl. Höhn 1997: 250f
[180] Vgl. Gössmann 1982: 175
[181] Vgl. Ebd.
[182] Vgl. Ebd.: 176
[183] Vgl. Ebd. : 182f
[184] Vgl. Ebd.: 176
[185] Vgl. Ebd.: 176f
[186] Vgl. Ebd.: 177
[187] Vgl. Ebd.

sie eine freiere demokratische Gesellschaft garantieren könnten[188]. Was seine politische Überzeugungen betrifft, hat er sie nicht verändert[189]. Er unterstützte die politischen Grundsätzte der Französischen Revolution, wie auch alle demokratische Bewegungen, die sich polemisch gegen den aufkommenden, mit religiösen Fanatismus betriebenen Nationalismus standen und dafür Aufklärungsarbeit zu leisten, blieb seine politische Utopie[190].

So ein Schriftsteller wie Heine könnte nicht unbeteiligt, als bloßer Beobachter schreiben und prognostizieren und deshalb wurde Religion und Religionskritik für ihn zur Gegenstand der Analyse geistesgeschichtlicher Vorgänge[191]. Das Judentum seines Elternhauses und das Christentum seiner Schulbildung waren ein großer Einfluss für ihn, wie auch die Grundlage seiner Entwicklung[192]. Die institutionalisierten Religionen in Europa, im Grunde genommen Judentum und Christentum, letzteres in Form des Katholizismus und Protestantismus, interessierten ihn besonders und seine Religionskritik, meist literarisch vorgetragen, richtete sich auf die politische, soziale und humane Probleme, die durch die Religion aufkommen[193].

Seine literarische Religionskritik kommt in vielen seiner Werken vor, aber in einigen hat er sie eigens thematisiert, eins von denjenigen *Die Stadt Lucca* aus seinen Reisebildern ist[194]. In diesem Werk setzt er sich nicht nur mit dem italienischen Katholizismus auseinander, sondern auch mit dem Protestantismus und der Fragwürdigkeit eines säkularisierten Christentums[195]. Er tut dies in Form von Dialogen zwischen drei Figuren, Franscheska, Mathilde und dem Doktor. Die eine Frau, Franscheska, eine fromme Italienerin, steht für den gelebten Katholizismus, die andere Frau, Mathilde, eine touristische Engländerin, vertritt den Protestantismus, und der Autor selbst, der Doktor, in dem Heine sich eigentlich spiegelt, verfügt über ein liberales, säkularisiertes Christentum, das an beiden Anteil hat und doch beiden gegenüber einen kritischen Abstand hält[196].

---

[188] Vgl. Ebd.: 182f
[189] Vgl. Ebd.: 183
[190] Vgl. Ebd.
[191] Vgl. Ebd.: 184
[192] Vgl. Ebd.: 185
[193] Vgl. Ebd.: 189
[194] Vgl. Ebd.: 190
[195] Vgl. Ebd.
[196] Vgl. Ebd.

Er übt Kritik an die herrschenden Mächte, nämlich den Adel und den Klerus, die eher anachronistisch sind wie auch an die Art und Weise, wie sie ihre Macht benutzen, indem er sie als Handel treibend charakterisiert und seine eigene Position im Gegenzug zu der Don Quichottes bestimmt:

> dieser wollte die untergehende Ritterzeit wiederherstellen, ich hingegen will alles, was aus jener Zeit noch übriggeblieben ist, jetzt vollends vernichten, [...] jener hielt Bettlerherbergen für Kastelle, Eseltreiber für Kavaliere, Stalldirnen für Hofdamen, ich hingegen halte unsre Kastelle nur für Lumpenherbergen, unsre Kavaliere nur für Eseltreiber, unsere Hofdamen nur für gemeine Stalldirnen; wie jener eine Puppenkomödie für eine Staatsaktion hielt, so halte ich unsre Staatsaktionen für leidige Puppenkomödien (SL 100)[197]

Er will alles, was mit der Vergangenheit zu tun haben vernichten und wünscht ihm einen neuen Anfang und eine Staatsumformung, wo die Menschen alles so sehen können, wie sie eigentlich sind. Heine macht deutlich seinen Abscheu gegen die Staatsreligion, indem er sagt:

> weil ich ein Freund des Staats und der Religion bin, hasse ich jene Mißgeburt, die man Staatsreligion nennt, jenes Spottgeschöpf, das aus der Buhlschaft der weltlichen und der geistlichen Macht entstanden, jenes Maultier, das der Schimmel des Antichrists mit der Eselin Christi gezeugt hat. Gäbe es keine solche Staatsreligion, keine Bevorrechtung eines Dogmas und eines Kultus, so wäre Deutschland einig und stark, und seine Söhne wären herrlich frei. So aber ist unser armes Vaterland zerrissen durch Glaubenszwiespalt, das Volk ist getrennt in feindliche Religionsparteien, protestantische Untertanen hadern mit ihren katholischen Fürsten oder ungekehrt, überall Mißtrauen ob Kryptokatholizismus oder Kryptoprotestantismus, überall Verketzerung, Gesinnungsspionage, Pietismus, Mystizismus, Kirchenzeitungsschnüffeleien, Sektenhaß, Bekehrungssucht, und während wir über den Himmel streiten, gehen wir auf Erde zugrunde. Ein Indifferentismus in religiösen Dingen wäre vielleicht allein imstande, und zu retten, und durch Schwächerwerden im Glauben könnte Deutschland politisch erstarken (SL 91).

Er ist nämlich der Meinung, dass die Staatsreligion nicht nur einer Glaubens-, sondern auch einer politischen Spaltung schuldig ist. Einerseits führt sie zu Auseinandersetzungen zwischen den Angehörigen der verschiedenen Religionen und deshalb sind viele Meschen gezwungen, ihre eigene Glaube zu verbergen, aber andererseits, und das ist für Heine von großer Bedeutung, verursachen diese Differenzen Probleme sogar auf politischer Ebene, wahrscheinlich weil die Angehörigen unterschiedlicher Religionen nicht zusammenarbeiten können, was zur Schwächung Deutschlands geführt hat. Er begründet seinen Haß dadurch, dass sich für ihn Deutschlands Zerrissenheit und Unfreiheit dem durchdringenden religionsparteiischen Antagonismus verdankt[198]. Er sieht in der Staatsreligion eine Verbindung zwischen Thron und Altar, die „eine Sakralisierung des Staates und eine

---

[197] SL steht für: Heine, Heinrich (1830): *Die Stadt Lucca* in: Holzinger, Michael (Hg.) (2014): *Heinrich Heine. Die Bäder von Lucca. Die Stadt Lucca.* Berlin: Amazon Distribution
[198] Vgl. Höhn 1997: 251

Politisierung des institutionalisierten Christentum darstellt"[199]. Heine ist der Absicht, dass die christlichen Staatskirchen als das entscheidende Hindernis auf dem Weg des Fortschritts erkannt werden sollten und dass die Tradition der christlichen Staatsreligion nicht mehr weiterleben sollte[200].

Besonders zynisch wird er, wenn er über die so genannten „Diener" der Kirche spricht, wie auch über die Abhängigkeit zwischen Staat und Religion. Er meint nämlich:

> Für die Religion selber, für ihr heiliges Wesen, ist es ebenso verderblich, wenn sie mit Privilegien bekleidet ist, wenn ihre Diener vom Staate vorzugsweise dotiert werden und zur Erhaltung dieser Donationen ihrerseits verpflichtet sind, den Staat zu vertreten, und solchermaßen eine Hand die andere wäscht, die geistliche die weltliche und umgekehrt, um ein Wischwasch entsteht, der dem lieben Gott einer Torheit und den Menschen ein Greul ist. Hat nur der Staat Gegner, so werden diese auch Feinde der Religion, die der Staat bevorrechtet und die deshalb seine Alliierte ist; und selbst der harmlose Gläubige wird mißtrauisch, wenn er in der Religion auch politische Absicht wittert. [...] Die Religion kann nie schlimmer sinken, als wenn sie solchermaßen zur Staatsreligion erhoben wird; (SL 93f).

Heine behauptet, dass die Priester ihre Rolle als Vertreter Gottes auf der Erde verloren haben und als einfache Arbeiter und Diener zur Arbeit gehen und ihren Beruf ausüben. Es gibt keine Heiligkeit und Uneigennützigkeit in ihrer Tätigkeit und diese enge Kooperation mit dem Staat ist auch der Grund, warum viele Menschen der Kirche und der Religion gegenüber eher mißtrauisch sind. Übrigens argumentiert er gegen das Monopolsystem einer Religion im Rahmen der freien Marktwirtschaft[201]:

> Wie den Gewerben ist auch den Religionen das Monopolsystem schädlich, durch freie Konkurrenz bleiben sie kräftig, und sie werden erst dann zu ihrer ursprünglichen Herrlichkeit wieder erblühen, sobald die politische Gleichheit der Gottesdienste, sozusagen die Gewerbefreiheit eingeführt wird (SL 94).

Ironischerweise erklärt, warum die Existenz von unterschiedlichen Religionen und der freien Konkurrenz unter ihnen eigentlich etwas Positives ist, denn es bewahrt sie kräftig und sogar kreativ, damit sie noch mehr Gläubige anziehen können. Trotzdem ist er wieder nicht so positiv und besonders kritisch, wenn er das Personal dieser Religionen bzw. Kirchen kommentiert und sie wie Karikaturen darstellt:

> Der katholische Pfaffe treibt es mehr wie ein Kommis, der in einer großen Handlung angestellt ist; die Kirche, das große Haus, dessen Chef der Papst ist, gibt ihm bestimmte Beschäftigung und dafür ein bestimmtes Salär; er arbeitet lässig, wie jeder, der nicht für eigne Rechnung arbeitet und viele Kollegen hat und im großen Geschäftstreiben leicht unbemerkt bleibt – nur der Kredit des Hauses liegt ihm am Herzen und noch mehr dessen Erhaltung, da er bei einem etwaigen Bankerotte seinen Lebensunterhalt verlöre. Der protestantische Pfaffe hingegen ist überall selbst Prinzipal, und er treibt die Religionsgeschäfte für eigene Rechnung. Er treibt keinen Großhandel wie sein katholischer Gewerbsgenosse, sondern nur einen Kleinhandel; und da er demselben allein vorstellen muß, darf er nicht lässig sein, er muß seine Glaubensartikel den Leuten anrühmen, die Artikel seiner Konkurrenten herabsetzen, und als echter Kleinhändler steht er in seiner

---

[199] Gössmann 1982: 191
[200] Vgl. Höhn 1997: 251
[201] Vgl. Oesterle 1972: 69

> Ausschnittbude, voll von Gewerbsneid gegen alle großen Häuser, absonderlich gegen das große Haus in rom, das viele tausend Buchhalter und Packknechte besoldet und seine Faktoreien hat in vier Weltteilen. Solches hat nun freilich auch seine physiognomische Wirkungen, ... (SL 70).

Er vergleicht nämlich die Priester mit den Händlern, die ihre Geschäfte treiben, Geld verdienen und ihre „Firma" so gewinnbringend wie möglich zu führen versuchen. Ihm gelingt auf diese Weise die unterschiedliche Struktur der beiden Kircheninstitutionen bei gleicher Zielsetzung pointenartig auszudecken[202]. Ebenfalls, indem er den kirchlichen Bereich als Vergleichsfeld des Kommerzes nutzt, schafft er die gesellschaftliche Depotenzierung der Religionen, denn er betont, dass die Unterschiede zwischen ihnen irrelevant sind und dass ihr einziges Ziel der Gewinn ist[203].

Heine dürfte zu den ersten gehört haben, die einen Jesus als Demokrat herausgestellt haben, wie es aus dem folgenden Dialog hervorgeht:

> »Sie schneiden ja ein verbissen gläubiges Gesicht, teurer Doktor«, flüsterte Mylady, »ich habe Sie eben beobachtet, und verzeihen Sie mir, wenn ich Sie etwa beleidige, Sie sahen aus wie ein guter Christ.«
> »Unter uns gesagt, das bin ich; ja, Christus –«
> »Glauben Sie vielleicht ebenfalls, daß er ein Gott sei?«
> »Das versteht sich, meine gute Mathilde. Es ist der Gott, den ich am meisten liebe – nicht weil er so ein legitimer Gott ist, dessen Vater schon Gott war und seit undenklicher Zeit die Welt beherrschte, sondern weil er, obgleich ein geborener Dauphin des Himmels, dennoch, demokratisch gesinnt, keinen höfischen Zeremonialprunk liebt, weil er kein Gott einer Aristokratie von geschorenen Schriftgelehrten und galonierten Lanzenknechten und weil er ein bescheidener Gott des Volks ist, ein Bürgergott, un bon dieu citoyen. Wahrlich, wenn Christus noch kein Gott wäre, so würde ich ihn dazu wählen, und viel lieber als einem aufgezwungenen absoluten Gott würde ich ihm gehorchen, ihm, dem Wahlgotte, dem Gotte meiner Wahl.« (SL 80).

Er liebt Christus, nicht weil er der Sohn Gottes ist, sondern weil er ein eher zurückhaltender und bescheidener Gott ist, der keine Beziehung mit der Aristokratie hat, denn er ist ein Gott für die einfachen Menschen. Ihn interessiert also mehr die Stelle von Jesus Christus in der Gesellschaft als Bürger als seine himmlische Stelle in der Nähe Gottes. Er betont, dass er ihn auf jeden Fall lieben würde, weil er ihn gewählt hat und nicht weil eine Religion ihn ihm durchgesetzt hatte.

Ein weiterer wichtiger Kritikpunkt für Heine ist die Tatsache, dass das Christentum seiner Meinung nach „zu spirituell, zu mönchisch und asketisch"[204] war und deshalb hatte es das in der Sinnlichkeit gelegene Lebensglück unterdrückt[205]. Er geht zurück bis in die griechische Mythologie, um zu zeigen, wie dort Religion und Sinnlichkeit zusammengehörten und in seinem Reisenbild *Die Stadt Lucca* stellt er den Wandel,

---

[202] Vgl. Ebd.: 71
[203] Vgl. Ebd.: 72
[204] Gössmann 1982: 194
[205] Vgl. Ebd.

eigentlich einen Weltenwandel, von der griechischen Mythologie zur christlichen Religion:

> Da plötzlich keuchte heran ein bleicher, bluttriefender Jude, mit einer Dornenkrone auf dem Haupte und mit einem großen Holzkreuz auf der Schulter; und er warf das Kreuz auf den hohen Göttertisch, daß die goldnen Pokale zitterten und die Götter verstummten und erblichen und immer bleicher wurden, bis sie endlich ganz in Nebel zerrannen.
> Nun gab's eine traurige Zeit, und die Welt wurde grau und dunkel. Es gab keine glücklichen Götter mehr, der Olymp wurde ein Lazarett, wo geschundene, gebratene und gespießte Götter langweilig umherschlichen und ihre Wunden verbanden und triste Lieder sangen. Die Religion gewährte keine Freude mehr, sondern Trost; es war eine trübselige, blutrünstige Delinquentenreligion.
> War sie vielleicht nötig für die erkrankte und zertretene Menschheit? Wer seinen Gott leiden sieht, trägt leichter die eignen Schmerzen. Die vorigen heiteren Götter, die selbst keine Schmerzen fühlten, wußten auch nicht, wie armen gequälten Menschen zumute ist, und ein armer gequälter Mensch könnte auch, in seiner Not, kein rechtes Herz zu ihnen fassen. Es waren Festtagsgötter, um die man lustig herumtanzte und denen man nur danken konnte. Sie wurden deshalb auch nie so ganz von ganzem Herzen geliebt. Um so ganz von ganzem Herzen geliebt zu werden – muß man leidend sein. Das Mitleid ist die letzte Weihe der Liebe, vielleicht die Liebe selbst. Von allen Göttern, die jemals gelebt haben, ist daher Christus derjenige Gott, der am meisten geliebt worden. Besonders von den Frauen – – (SL 75).

Dieses Bild erlaubt der christlichen Askese mit der heidnischen Sinnenfreude auf epochale Weise zu kontrastieren und obwohl dieser Zeitenwechsel anfangs als fürchterliches Grau in Grau dargestellt wird, scheint die spiritualistische Glaube nicht rein negativ zu sein, denn ein leidender Mensch braucht zu seiner Tröstung einen leidenden Gott und keine Festtagsgötter, die dem Gott der Liebe weichen und verschwinden sollten[206]. Damit könnte er aber wahrscheinlich sogar seinen Missfall und seinen Einwand der Romantik gegenüber zeigen. Obwohl die Romantik das alte Griechenland in einigen Fallen idealisiert hatte, identifizierte sie oftmals die Antike mit dem Heidnischen. Demgegenüber zeigte sie eine tiefe Zuneigung dem Mittelalter und seinem Christentum und deshalb benutzte sie oft diese Epoche als Schauplatz ihrer Geschichten.

Heine greift diese Gegenüberstellung auf, argumentiert jedoch in diesem Abschnitt, dass die Deutschen, weder Griechenland mit seinen heidnischen Göttern noch das Mittelalter mit seinem christlichen Gott brauchen, um ihre Wurzeln zu finden und sich als Nation zu konstituieren. Auch hier äußert er sich ironisch wenn er betont, wie sehr die Menschen an diesen leidenden Gott geglaubt haben und wie viel sie, besonders die Frauen, ihn geliebt haben, nämlich wie viel die Menschen an diese heilige Geschichte, an dieses „Märchen" im Laufe der Zeit geglaubt haben und deshalb spielte und spielt die Religion immer noch eine sehr wichtige Rolle in der Art und Weise, wie die Menschheit ihr Leben führt.

---

[206] Vgl. Höhn 1997: 251f

Rein negativ wird von ihm die Tradition der Institution der Staatskirche kommentiert, die er verantwortlich für die aktuelle Misere betrachtet und die historisch nach dem Vorbild des ägyptischen Priestertums mit der judischen Staatsgründung entstanden ist[207]:

> Da kam aber ein Volk aus Ägypten, dem Vaterland der Krokodile und des Priestertums, und außer den Hautkrankheiten und den gestohlenen Gold- und Silbergeschirren brachte es auch eine sogenannte positive Religion mit, eine sogenannte Kirche, ein Gerüste von Dogmen, an die man glauben, und heiliger Zeremonien, die man feiern mußte, ein Vorbild der späteren Staatsreligionen (SL 92).

Die Folgen dieser Staats- und Religionsgründung sind nun „die Menschenmäkelei", „das Proselytenmachen", „der Glaubenszwang" und „all jene heiligen Greuel, die dem Menschengeschlechte soviel Blut und Tränen gekostet" (SL 92). Er ist nämlich der Meinung, dass alle späteren Religionen eine bloße Imitation dieser ersten Staatreligion sind und also gibt es hinter ihnen keine wahre christliche Glaube. Die Ausbeutung des Menschen ist der einzige Grund ihrer Existenz, wie auch die Durchsetzung von Normen und Dogmen, um die Menschen unter Kontrolle zu haben.

Auch wenn er für seine Überzeugungen oft stark kritisiert wurde und auch wenn er sie eher grob äußerte, kann nicht geleugnet werden, dass fast jede Staatsreligion und besonders das Christentum im Namen Gottes viele Grausamkeiten verbrochen hat, wie auch dass jede Religion auf diese Art und Weise durch verschiedene Dogmen konstruiert ist, so dass sie ihre Gläubigen bzw. Angehörigen überzeugen kann, dass alle Grausamkeiten und Brutalitäten im Namen Gottes geführt worden sind, damit die Menschheit ihre Stelle im Paradies, an der Seite Gottes, bekommen kann. Heines Buch wurde im Januar 1831 von den preußischen Zensurbehörden wegen seines politischen Inhalts, und vor allem wegen seiner „blasphemischen Glaubenslehre" erstens beschlagnahmt und dann im April 1831 in allen Provinzen verboten[208]. Fünf Jahre später wurde der vierte Band aus der Katholischen Kirche auf den Index gesetzt[209].

---

[207] Vgl. Ebd.: 252
[208] Vgl. Ebd.: 256
[209] Vgl. Ebd.: 156

Fazit

*Es gibt tatsächlich kein Produkt der neuern Kunst, keine Gefühlsregung, keine
Impression oder Stimmung des modernen Menschen, die ihre Subtilität und
Differenziertheit nicht jener Reizbarkeit der Nerven verdanken würde, die in der
Romantik ihren Ursprung hat.*

A. Hauser

In den ersten nach-romantischen Generationen wurde die Romantik von Vertretern der liberalen Literaturgeschichtsschreibung stark kritisiert, mit Wirklichkeitsferne und Eskapismus gleichgesetzt und hauptsächlich als eine Kombination von Antirationalismus, Fortschrittsfeindlichkeit und Antiklassizismus, kritisiert[210]. Diesen Vorwürfen gegen die Romantik steht eine emphatische Bezugnahme auf romantisches Denken und romantische Poesie im Rahmen der Vernunft- und Fortschrittskritik gegenüber[211]. Hierbei wird das utopische Potenzial, die Naturnähe, die Aufhebung der Trennung zwischen Naturwissenschaft, Philosophie und Dichtung, die Teilhabe von Frauen am literarischen Leben, die Entdeckung des Unbewussten, der avantgardistischen Literaturpraxis hervorgehoben[212].

Wie der Begriff der Klassik hat auch der Begriff der Romantik eine weitere und engere Bedeutung und als Epochen übergreifende Kategorie wurde es gebraucht, um ästhetische Oppositionsströmungen gegen klassische und realistische Literaturpositionen abzugrenzen[213]. Aus den Genrebezeichnung Roman oder Romanze abstammend meint romantisch „das Wunderbare, Exotische, Abenteuerliche, Sinnliche, Schaurige, die Abwendung von der modernen Zivilisation und die Hinwendung zur inneren und äußeren Natur des Menschen sowie zu vergangenen Gesellschaftsformen und Zeiten (Mittelalter)"[214]. Wie die Klassik ist auch sie, je nach Zeit und ideologischem Standpunkt des Betrachters extremen Schwankungen in der Einschätzung unterworfen und die ganze Kontroverse um die Romantik dauert bis heute an[215]. Durch den Bruch mit der griechisch-lateinischen Bildungstradition entstand in der europäischen Romantik eine progressive Ausrichtung und gleichzeitig eine christlich-

---

[210] Vgl. Schmitz-Emans 2004: 13
[211] Vgl. Stephan 2001: 202
[212] Vgl. Ebd.
[213] Vgl. Ebd.
[214] Vgl. Ebd.
[215] Vgl. Ebd.

reaktionäre Tendenz durch ihre Mittelalterbegeisterung[216]. Die satanische Romantik und der gleichzeitige Angriff auf das Christentum signalisiert die Endphase der mit der Reformation begonnenen Säkularisierung Europas[217].

Was die Werke des Romantikers Eichendorff betrifft, so kann man in der Inszenierung des Kampfes zwischen den Mächten des Lichtes und denen der Finsternis um die menschliche Seele seine Vorbehalte gegen die Idealisierung der Antike, wie auch seinen Vorbehalte gegen Goethe sehen[218]. Die Romantik und seine Dichtung stehen als die lichtbringenden Mächte, die gegen jede Regelhaftigkeit der früheren Zeit kämpfen und für die Freiheit, die menschliche Seele, die Aufhebung der Normen, ein Leben in der Nähe der Natur, ein romantisiertes Leben stehen. Eichendorff stellt in seinem Text zwei Entwicklungsmodelle dar, nämlich das Modell der linearen Entwicklung zum sittlich-verantwortlichen Leben und gleichzeitig ein zyklisches Modell, das sich inhaltlich als ewige Wiederkehr der Jahreszeiten und der Venus konkretisiert, dem aber auch andere zyklische Strukturen entsprechen[219]. Auch dieses Modell betont den Antagonismus zwischen der christlichen und antiken Geschichtsdeutung, der diese Novelle prägt[220]. Obwohl nämlich alle menschliche Figuren einer linearen Entwicklung folgen, linear-teleologisch nach den Normen des Christentums, folgt die Venus einem zyklischen Modell und sie kehrt jeden Frühling immer wieder zurück, so wie die heidnischen Gotten der Antike, die man oft mit einer bestimmten Epoche identifizierte.

Die Handlung der Novelle gibt den Weg einer inneren Wandlung von Selbstverlust zur Selbstfindung im Gesicht Florios wieder[221]. Nach den Phasen der Erwartung, Verwirrung und Verzauberung trifft Florio am Höhepunkt des Geschehens mit seinem Gebet die Entscheidung, der christlichen Welt zu gehören und deshalb wird die Todesverfallenheit der antiken Welt offensichtlich und ihre Dämonie deckt sich als Machtgier und brutaler Herrschaftswille auf[222]. Sobald Florio seine Freiheit erlangt, folgt die Wiederbegegnung mit Bianka[223] und gleichzeitig seine eigene Selbstfindung. Das Leben und Treiben in der Stadt Lucca symbolisiert das irdische Leben selbst und

---

[216] Vgl. Hoffmeister 1990: 111
[217] Vgl. Ebd.
[218] Vgl. Schmitz 2004: 133
[219] Vgl. Ebd.
[220] Vgl. Ebd.
[221] Vgl. Hillach 1971: 141
[222] Vgl. Ebd.
[223] Vgl. Ebd.

Florio als „Geschöpf" Eichendorffs hat den Auftrag, den Verlockungen Wiederstand zu leisten[224].

Den verschiedenen Figuren, die ihn umgeben, sind geistige Entsprechungen zugeordnet: „Bianka steht für die keusche Liebe, die Venus-Gestalt für die verderbenbringende heidnische Sinnlichkeit; Fortunato ist die fromme, göttliche, schöpferische Lebenskraft, Donati das Böse schlechthin."[225]. Obwohl Eichendorff die Schönheit der heidnischen Welt, ihre Verlockungsmächte, ihre Möglichkeit jemanden in einer mystischen, wunderbaren Welt zu führen und ihm sowohl geistliche als auch fleischliche Lüste anzubieten darstellt, erlaubt er seinem Protagonisten den Eintritt zu dieser Welt nicht. Jedesmal wenn Florio ihm den Zugang zu dieser Welt wünscht, erscheinen die chrislichen, die guten Mächte als Hindernis. Eichendorff, als Gläubiger, könnte es natürlich seinem Protagonisten nicht erlauben, ein Spielzeug der heidnischen Mächte zu werden.

Man hat den späten Eichendorff mehrmals als Reaktionär bezeichnet und sehr begeistert vom Fortschritt war er auch nicht[226]. Andererseits hat er auch nie die Positionen einer priviligierten Klasse oder der Regierung, für die er auch arbeitete, unterstützt, sondern seine eigene Restauration propagiert[227]. Seine Werke zeugen von seiner Sensibilität der Widersprüche seiner Epoche gegenüber und äußern in ihrer Melancholie über die verloren gegangene Einheit des Menschen eine Doppeldeutigkeit, die hinter der Naivität und Heiterkeit der Texte die Anstrengung Eichendorffs, sein Leben in dieser Zeit zu führen, hervorscheinen lässt[228].

Die junge Generation in Deutschland fand ihn altmodisch, obwohl er ihnen sympatisch war und sogar Heine sprach mit Respekt über ihn, was von großer Bedeutung ist, angesichts der Tatsache, dass es sich um einen respektlosen Spötter handelt[229]. Natürlich muss man immer daran denken, dass seine Zeitgenossen keine systematischen Eichendorff-Leser waren und dass sie ein Bild für ihn nur durch seine poetischen und literarhistorischen Schriften hatten, da eine Reihe von seinen Arbeiten, zwei der politischen Satiren und alle mit politischen und religiösen Fragen befaßten

---

[224] Vgl. Ebd.
[225] Ebd.: 141f
[226] Vgl. Nehring 1997: 82
[227] Vgl. Ebd.
[228] Vgl. Stephan 2001: 227
[229] Vgl. Nehring 1997: 82

Abhandlungen erst nach seinem Tod veröffentlicht wurden[230]. Er wurde von seinen zeitgenossichen Schriftstellern wie von kirchlichen Kreisen stark beeinflusst, was man in vielen seiner Werke bemerkt, trotzdem nahm er nur an, was ihm passte und seine Erlebnisse und Erfahrungen aus seiner Kindheit, die freie Naturbeziehung und die selbstverständliche Nähe zur Religion waren die Grundlagen seines Denkens[231].

Sein offener Dialog mit Novalis und Heine, wie er in dieser Arbeit dargestellt worden ist, beweist, dass die Romantik eine sehr komplizierte Epoche war. Obwohl es eindeutig romantische Motive und Thematiken gibt, existiert keine bestimmten Regeln, wie man sie in anderen Strömungen antrifft. Jeder war frei, sich zu äußern, so wie er sich fühlte und hier sieht man drei Romantiker, die die gleiche Thematik aus einer anderen Perspektive behandeln. Natürlich geht es um Autoren, eher als Außenseiter und Einzelgänger gelten, insbesondere Eichendorff und Heine, die oft eine kritische Haltung der Romantik gegenüber einnahmen. Auch Heine, der sich nicht mit der Romantik identifizierte und nicht als echter Vertreter der Romantik galt, war mit einigen so genannten repräsentativen Romantiker befreundet und deshalb hatte er die Möglichkeit, sowohl eine enge Beziehung mit der Romantik zu halten, als auch seine eigenen Ansichten über ihre Zeit zu äußern. Die Thematik des Christentums bzw. Christentum- Heidentum gab uns die Möglichkeit ihre Texte in Beziehung zueinander zu setzen und gibt dem Leser die Möglichkeit, sich Gedanken darüber zu machen, wie unterschiedlich in dieser Epoche über die Rolle von Religion und Kirche gedacht und geschrieben wurde.

---

[230] Vgl. Ebd.
[231] Vgl. Ebd.: 90

Literaturverzeichnis

Primärliteratur

Eichendorff, Joseph von (1818): „Das Marmorbid." In: Meier, Albert / Schmitz, Walter u.a. (Hrsg.) (1985): *Erzählungen der deutschen Rpmantik*. München: Deutscher Taschenbuch Verlag, S.277-312.

Heine, Heinrich (1830): „Die Stadt Lucca." In: Holzinger, Michael (Hg.) (2014): *Heinrich Heine. Die Bäder von Lucca. Die Stadt Lucca*. Berlin: Amazon Distribution., S.63-101.

Novalis (1799): „Die Christenheit oder Europa." In: Best, Otto / Schmitt Hans-Jürgen (Hrsg.) (1974): *Die deutsche Literatur in Text und Darstellung. Romantik I*. Stuttgart: Philipp Reclam jun., S.161-182.

Sekundärliteratur

Best, Otto / Schmitt Hans-Jürgen (Hrsg.) (1974): *Die deutsche Literatur in Text und Darstellung. Romantik I*. Stuttgart: Philipp Reclam jun..

Behler, Ernst (1972): „Kritische Gedanken zum Begriff der europäischen Romantik." In: *Die Europäische Romantik*. Frankfurt am Main: Athenäum Verlag.,, S. 7-43.

Böhmer, Otto A. (2007): *Joseph von Eichendorff. Sein Leben erzählt von Otto A. Böhmer*. Zürich: Diogenes Verlag.

Borgards, Roland / Neumeyer, Harald (2002): „Der Mensch in der Nacht – die Nacht im Menschen. Aufgeklärte Wissenschaften und romantische Literatur. Athenäum, S.13-20.

Glaser, Hermann / Lehmann, Jakob / Lubos, Arno (1997): *Wege der deutschen Literatur. Ein Lesebuch*. Berlin: Ullstein Buchverlage.

Gössmann Wilhelm / Kruse, Joseph A. (Hrsg.) (1982): *Der späte Heine 1848-1856. Literatur – Politik – Religion*. Hamburg: Hoffmann und Campe, Heinrich-Heine-Verlag.

Heselhaus, Clemens (1972): „Die romantische Gruppe in Deutschland." In: *Die Europäische Romantik*. Frankfurt am Main: Athenäum Verlag, S. 44-162.

Hillach, Ansgar / Krabiel, Klaus-Dieter (1971): *Eichendorff Kommentar zu den Dichtungen*. München: Winkler Verlag.

Hoffmeister, Gerhart (1990): *Deutsche und europäische Romantik*. Stuttgart: J. B. Metzlersche Verlagsbuchhandlung.

Höhn, Gerhard (1997): *Heine Handbuch. Zeit – Person – Werk*. Stuttgart; Weimar: J.B. Metzler.

Malsch, Wilfried (1965): *»Europa«. Poetische Rede des Novalis Deutung der französischen Revolution und Reflexion auf die Poesie in der Geschichte*. Stuttgart: J.B. Metzlersche Verlagsbuchhandlung.

Nehring, Wolfgang (1997): *Spätromantiker. Eichendorff und E.T.A. Hoffmann*. Göttingen: Vandenhoeck & Ruprecht.

Oesterle, Günter (1972): *Integration und Konflikt. Die Prosa Heinrich Heines im Kontext oppositioneller Literatur der Restaurationsepoche*. Stuttgart: J. B. Metzlerische Verlagsbuchhandlung und Carl Ernst Poeschel Verlag.

Pikulik, Lothar (1992): *Frühromantik. Epoche – Werke – Wirkung*. München: C.H. Beck.

Schiwy, Günther (2000): *Eichendorff. Eine Biographie*. München: C.H. Beck.

Schmitz-Emans, Monika (2004): *Einführung in die Literatur der Romantik*. Darmstadt: WBG.

Schulz, Gerhard (1972): „Der Fremdling und die blaue Blume". In: *Romantik heute. Friedrich Schlegel, Novalis, E.T.A. Hoffmann, Ludwig Tieck*. Inter Nationes Bonn-Bad Godesberg.

Stephan, Inge (2001): „Aufklärung. Kunstepoche." In: Beutin, Wolfgang / Ehlert, Klaus u.a.: *Deutsche Literaturgeschichte. Von den Anfangen bis zur Gegenwart*. Stuttgart; Weimar: J.B. Metzler Verlag, S. 148-230.

Wolf, Norbert (2002): *Kunst-Epochen. Klassizismus und Romantik*. Stuttgart: Philipp Reclam jun..